大夏书系・吴正宪教育教学文丛

# 听吴正宪老师上课

吴正宪 张秋爽 贾福录 编著

第2版

华东师范大学出版社
·上海·

# 吴正宪教育教学文丛

**丛书编委**　吴正宪　王彦伟　张秋爽　周卫红
　　　　　　范存丽　武维民　贾福录　韩玉娟

**本册编委**（按姓氏笔画排列）
　　　　　　丁雁玲　于　萍　王　薏　王秀杰
　　　　　　王佩霞　王春秀　刘　鹏　许淑一
　　　　　　李丽红　李继东　李朝霞　杨新荣
　　　　　　宋燕晖　张　丽　张　杰　张　萍
　　　　　　张秋爽　张鹏宇　陈凤伟　武维民
　　　　　　范存丽　孟　颖　赵　莹　胡立利
　　　　　　贾福录　崔晓纯　梁　艳　鲁静华
　　　　　　翟万盈　薛　铮　薛涟霞　鞠淑芳

# 总 序

由华东师范大学出版社 2012 年出版的"吴正宪教育教学文丛",受到广大一线数学教师的喜爱。正逢丛书走过第十个年头的今天,迎来了《义务教育数学课程标准(2022 年版)》的颁布。借此时机,我们再学习、再实践、再反思……

十年来,我和老师们一起耕耘在三尺讲台,一边学习,一边实践,一边研究。我们不断践行并丰富了儿童数学教育思想,向"专业地读懂教材,智慧地读懂课堂,用心地读懂儿童"迈进了一步,获得了一些教育感悟,积累了一些教学经验,为今天的再版修订提供了基础。

这十年,儿童数学教育理论及儿童数学教育价值观的体系建设成为我们专业发展上的一个重要里程碑。我们更加深刻而坚定地认识到数学教育首先要关注儿童的需求,遵循儿童的认知规律开展学习活动。教师要想方设法调动儿童自主学习的兴趣和积极性,努力发展核心素养,落实教育目标。我们站在儿童的视角,从核心问题入手,围绕关键能力的培育设计有价值的学习任务,开发儿童潜能,启迪儿童智慧,建立儿童自信,关注儿童人格健全发展,落实五育并举、立德树人,承担起为党育人、为国育才的重任。

这十年,我们有幸参与了教育部课程中心领衔的"深度学习项目"研究实践;有幸参与了《义务教育数学课程标准(2022 年版)》

的修订和解读研究；有幸走近大学的数学教育专家，与数学家面对面地对话研讨，让我们对数学的本质有了更加深刻的认识，对"确立核心素养导向的课程目标，强调课程内容的组织重点是对内容进行结构化整合，探索发展学生核心素养的路径"有了全新的感悟和理解。我们站在内容结构的整体视角，开展主题教学，对什么是"好课堂"有了一些新思考，积累了一些新案例，提炼了一些新策略，愿意和读者一起分享研究。

回望走过的十年，伴随着国家教育改革发展的脚步，我们一起成长。我带领团队成员践行从"数学教学"走向"数学教育"的育人目标；坚守"好吃又有营养"的儿童数学教育主张；努力建好数学学习的"承重墙"，打通"隔断墙"；提炼升华儿童数学教学策略；丰富完善儿童数学教育的理论体系和实践体系。

十年后的今天，这套丛书修订再版，这是一次很好的再反思、再总结、再提升的重要机会。我们特别愿意再一次与教育同行们共同思考儿童数学教育的意义，深入追问儿童数学教育的价值。我们愿意将多年来对儿童数学教育的感受、理解与实践，特别是把十年来我们对儿童数学教育的新探索、新思考、新实践，与教师朋友们分享，希望能带来一些新的启迪与思考。我们愿意和大家一起继续为高质量的儿童数学教育努力。祝愿所有的小学数学教师能在工作中享受到儿童数学教育带来的幸福和快乐，实现教学相长的自我超越，更新迭代！丛书的再版，张秋爽和武维民做了大量的工作，从案例选择到策略调整，凸显了新课程理念的落实。感谢在丛书再版过程中团队成员智慧的付出。

北京教育科学研究院　吴正宪<br>2022 年 8 月

# 前　言

吴正宪老师因数学课上得好，让大家认识了她，让孩子和老师们喜欢上了她！她的课堂知情交融、师生互动，充满了童趣，洋溢着激情与智慧。她以人格影响人格，用智慧启迪智慧，用数学的真谛滋润孩子的心田，让孩子们快乐地享受着课堂生活的幸福。吴老师和学生之间的交流是真实的，是从心底发出来的，朴实、充满魅力。她的课堂常常出现孩子们恋恋不舍、不愿意下课的场面。我们一直在想是什么原因让学生对吴老师的数学课堂这般喜爱与期待，充满兴趣与信心？是什么原因让学生在课堂上畅所欲言、各抒己见，在学习共同体中碰撞出智慧的火花，获得有后劲的发展？这也是许多一线教师的疑问。为此，吴正宪小学数学教师工作站的团队成员们自觉地组织起来，走进吴老师的课堂，一起探究吴老师的课堂到底有什么秘密。

我们认为吴老师的课之所以成功，主要是源于她正确的学生观和教育观，她把促进学生全面发展作为教学工作的核心。吴老师认为：学生是活生生的人，是有着丰富情感和个性的生命体。学生是具有独立人格的人。吴老师还认为：学生是发展中的人。这就意味着学生既有潜力又不成熟，这就要求教学中既要给学生创设独立思考、尝试、发现、探究的空间和平台，又要允许学生犯错误，并将错误转化为学习资源，让学生在尝试中有机会自我反思。她从不把数学课堂看作简单的"1+2"的知识传授，而是看作师生生命中的重要经历。因此她格外珍惜与学生在一起的课堂生活。

吴老师的课堂淋漓尽致地诠释了这样的教育理念：

### 1. 尊重每一个学生

吴老师把学生看成有尊严的个体，了解学生的认知起点，允许学生用不同的速度去探索和获取知识，允许学生用自己喜欢的方法学数学。她总是以热情的鼓励、殷切的期待、巧妙的疏导与学生们思维共振，情感共鸣，从不轻易否定学生的选择和判断，也从不强迫学生去认同。正如有的学生说："我们最喜欢上数学课，上课时想说就说，说错了也没关系。"吴老师给了每一位学生发展的机会。

### 2. 为学生营造思维的磁场

吴老师在课堂上为学生创设各种不平衡的问题情境或"陷阱"，放手让他们自己去尝试、探究、猜想、思考，给学生留下了足够的思维空间。探索，往往是要走弯路的，但毕竟是学生亲自经历和体验的学习过程，是他们用自己的方式实现数学的"再创造"。正如孙晓天教授所说：吴老师的课堂"教"的色彩很淡，"商量"的气氛很浓，"为什么"很多，留给学生的"空间"很大，适时的点拨与指导随处可见。这是一个容易使人产生亲切感的环境，在这里，学生的思维经验不断积累，主动性不断增强。

### 3. 为学生设计有过程的参与

吴老师在课堂上总是从学生的认知出发，把知识的来龙去脉展现在学生面前，全体学生自始至终地参与了学习的全过程，其中有借助情景自主建构的过程，有利用学具自我修正的过程，有利用知识内在联系迁移的过程，有讨论和交流的过程。课堂上有疑问，有沉思，有比喻，有赞许，有笑声，还有争辩。在波澜迭起的教学过程中，通过交流、发现、辨析、整合，学生的独立思考能力、探究能力等得到培养。40分钟的数学课，像磁铁那样把每一个孩子的心紧紧地吸在一起，课堂变成了人人参与、经历、体验和感悟的过程。

### 4. 以传授知识、启迪智慧、完善人格为主旨

吴老师在课堂上以"传授知识、启迪智慧、完善人格"的儿童教育思想为主旨，让学生享受"好吃又有营养"的数学，师生用心对话、真情互动，在儿童的人格成长中烙下数学的印迹，真正实现了教学相长。吴老师曾说："在教书育人的过程中，没有什么比保护学生的自尊心、自信心更重要；没有什么比激发学习兴趣、保护好奇心更重要；没有什么比尊重个性、真诚交流更重要；没有什么比养成良好的学习习惯更重要！"

这本书里汇集了吴老师精彩课堂的教学实录与对精彩片段的评析，还有团队成员集体观摩吴老师现场教学后的感受和体会。

我们细细品读吴老师的书，品味吴老师的课，感觉她的课堂大气，有深度，令人回味无穷。吴老师的课堂展现了学生的思维变化，演绎了学生成长中的精彩，诠释了儿童数学教育理念。吴老师用自己的教学践行了"专业地读懂教材，智慧地读懂课堂，用心地读懂儿童"的教育理念，实现了"传授知识、启迪智慧、完善人格"的育人目标。

作为吴正宪小学数学教师工作站的团队成员，我们渴望自身素质的提高，渴望给孩子们创造美好的数学课堂。我们会细细揣摩吴老师的课堂，分析其课堂教学背后的教育理念及价值观，在实践中不断尝试，让每一位孩子都能获得良好的数学教育！也愿意和大家共同分享我们的感悟和收获。

贾福录　张秋爽

2012 年 8 月

# 目 录
*contents*

### 1. 真情流淌的生命课堂/1

"情"是吴老师为人、为师的显著特点,她用真情对待身边的每一个人,她用真情诠释每一节课,她用教师的爱唤醒学生的情,让学生因为喜欢教师而喜欢数学,因为喜欢数学而喜欢学习。

### 2. 经验对接的主体课堂/15

吴老师在课堂上总是从学生已有的经验出发,说儿童能懂的话,简单明了,而且话语生动、亲切,很适合学生,更能激发学生主体的深度参与,大大提高教学的有效性。

## 3. 思维碰撞的智慧课堂/27

为什么学生在吴老师的课堂上会如此激动、兴奋，会妙语连珠、思维活跃？吴老师善于制造思维矛盾，随着课堂的深入，认知矛盾在师生的交流、探索、辩论、合作中不知不觉地化解，学生充分感受到数学学习的快乐。

## 4. 机智敏锐的灵动课堂/49

一节课中哪些生成性问题是资源，可以整合利用？哪些具有引发讨论的价值，需要放大？……吴老师总是能机智地捕捉到那些稍纵即逝的思维火花，把师生互动的探索引向深入。

## 5. 纵横联通的简洁课堂/63

吴老师以哲学视角审视数学教学，引导学生沟通知识间的内在联系，将知识连成知识链，构建成知识网，形成脉络清晰的、立体的知识模块，在不断完善学生的认知结构的同时，让学生获得认识事物的普遍方法。

## 6. 以做启思的实践课堂/81

只有"做"才能获得真知，学生的思维是在活动中发生的，并随着活动的深入而得到发展。吴老师善于创设以数学思维为核心的脑力活动和动手操作活动有机结合的情境，引导学生在活动中积累经验，提升观察、猜测、验证、推理及概括的能力，发挥学科的育人价值。

## 7. 追本溯源的寻根课堂/95

教师的任务不仅是告诉学生真理,更重要的是引导学生探求真理。吴老师常说:"数学教学不仅要让学生知道结论,更要带着学生追本溯源去寻根。让学生看到知识背后的联系,还有知识背后的思想和本质。"

## 8. 充满魅力的生活课堂/113

吴老师认为教师应该创设真实情境,为学生架设"知识世界"和"生活世界"的桥梁,用数学眼光观察现实世界。只有当数学与孩子们的生活实际更贴近的时候,孩子们才会真正感受和体验到数学的魅力与价值,增进对数学的感悟、理解和应用数学的信心。

## 9. 真诚交流的对话课堂/129

吴老师的课堂充满了教师与学生、学生与学生之间的真诚对话，只有在这样的课堂内，在轻松的氛围中，才能产生思维的碰撞和情感的交流，才能让学生在增长知识的同时，感受成长的快乐，这种境界是每一位教师的追求。

## 10. 着眼未来的发展课堂/143

吴老师认为每个孩子都带着自身特有的潜力来到人世，带着属于他们自己的智慧走进学校。因此，我们教育者要着眼于孩子的未来，千方百计地启迪他们的智慧，帮他们开启潜能的大门。

附录1 《搭配》教学实录/155

附录2 《重叠问题》教学实录/171

后　记/181

# 1. 真情流淌的生命课堂

在课堂学习中，学生需要平等、安全、宽松、自由的情感空间，这更需要教师悉心的营造与真诚的呵护。课堂上的吴老师，既是组织者、指导者，更是孩子们的合作者、交流者。她静心倾听每个孩子的声音，从儿童的视角分析数学、审视课堂。

吴老师的课像一条涓涓的小溪，流淌到每个孩子的心里。她用真情诠释着生命课堂的深刻内涵，用真情润泽学生的心灵，用真情创设和谐的课堂环境，用真情激发学生自主学习的愿望，用真情点燃孩子创新的思维火花。品味吴老师的课堂，"真情"是最突出且最有力的字眼，我们可以从中读出真情带给课堂的生命力，带给学生生命发展的动力。

## 一、用真情营造儿童敢说敢为的氛围

在课堂学习中，学生要想获得实实在在的发展，真实地表达自己的想法是必要的前提，教师应努力为学生营造敢说敢为的宽松氛围。除了知识，吴老师更关注孩子们学习过程中的情感体验。她总是想方设法用最短的时间激起孩子们的学习兴趣，形成想学、爱学、学会、会学的良性循环。

1. 真心引领入门，奠定"想学"的生态基础

2010年的深秋，吴老师来到北京密云，准备执教一节小学三年级的数学课《解决问题》。为了消除师生之间的陌生感，拉近与学生的距离，激发学生"想学"的愿望，吴老师精心设计了一个细节。

上课前，吴老师特意问了学生一个问题："同学们，你们是喜欢玩儿，还是喜欢上数学课？"吴老师本以为同学们会回答"喜欢玩"，然后自然地从玩中开始新的一课。可没想到，同学们却整齐划一地回答道："喜欢上课，不喜欢玩。"吴老师听了孩子们的回答后，很自然地笑了："同学们不喜欢玩，我才不信呢，玩中会不会也有数学呢？"然后她话锋一转，问道："你们知道我姓什么吗？""知道，姓吴。屏幕上面有您的姓。"这时，吴老师及时地点评道："真会观察！接下来我们睁开'数学'的眼睛来观察，你们在情境图中发现了什么？"就这样，新的一课开始了。

在这个环节中，吴老师没有因为学生的回答可能是不真实的或者不是老师预期想要的，去指责学生，而是利用呈现出来的信息，引导孩子观察，并把孩子的注意力转移到数学学习中，就在如此自然轻松的谈话中导入了新课。

一次，吴老师讲《统计》一课。课前，吴老师问："同学们，你们喜欢看哪些比赛？"有的学生说喜欢看游泳，有的学生说喜欢看跑步，有的学生说喜欢看打球……吴老师接着学生的话说道："体育比赛中蕴含着许多数学问题。今天，要学习的统计内容就是体育赛事中经常用到的知识。我们就以投篮比赛为例，统计一下两个队投篮比赛的情况，你们同意吗？""同意！"吴老师微笑地看着孩子们："批准了？"学生一起大声回答："批准了！"就这样，孩子们在兴奋的状态下，开始了新课学习。

简单的一句"批准了？"让学生充分感受到了作为课堂主人的喜悦和自豪。吴老师总能通过课前简短的交流，来沟通师生的情感。也正是这样简单而真诚的沟通，让吴老师变得富有魅力，深深地吸引了孩子，激发了他们"想学"的愿望，从而轻松、愉快地开始学习。通常吴老师上完一节课后，无论是学生还是听课老师，大家都没有一丝倦怠，反而有种"意犹未尽"的感觉。

透过精彩的导课，我们不仅可以读出吴老师的教育智慧，更能品味到她是怎样用真情唤醒学生们的热情的。

在我们的日常教学中，时常会有这样的场景：上课伊始，孩子们用专注的眼神凝望着老师，而老师的"开场白"却是对昨天作业问题的一顿数落，"张晓东，你的书写不规范。李晓梅，你的计算错误太多……"。可想而知，这样的开课会带来什么，又会给孩子们随后的学习奠定怎样的情感基础。

在教学中一定会出现各种各样的问题，但吴老师坚信一个好的开始对一节课的成功能起到非常重要的作用。不能让孩子们带着负担、背着斥责开始学习，那样孩子们是不可能快乐的，更不太可能轻松、愉悦地学习。所以，教师要精心设计，用真心引领孩子们走进课堂，用精彩为孩子们奠定"想学"的生态基础。

### 2. 真情激发主动，创造"爱学"的生态条件

数学教学不仅是一种科学，也是一种艺术。吴老师注重以真情激发学生学习的主动性，带领学生细心品味数学的无穷魅力，并努力让这种魅力吸引学生，使他们萌发好奇心与"爱学"的求知欲望。

#### 《平移和旋转》教学片段

为了使学生进一步区别平移与旋转两种不同的运动方式，吴老师为同学们提供的生活素材依次出现在屏幕上：

（1）汽车方向盘；（2）水龙头；（3）推拉窗户。

此时，同学们都抢着按动手中的反馈器，选择"平移"与"旋转"的按钮，屏幕上快速展现出全班选择的正确率和每个同学的答案。

只有第（3）题引起争论，有90%的人选择"平移"，10%的人选择"旋转"。吴老师没有急于评判，而是播放录像，请同学们观察后再次判断，同学们静静地观察着屏幕上的画面，终于达成了共识。

接着，吴老师引导学生思考："学习了平移和旋转，同学们想到什么问题了吗？"一个学生说："我想提个问题，学习平移和旋转有什么用处

吗?"一个女同学也问道:"哪里有平移和旋转呢?"吴老师说:"看来,这个同学也对这个问题感兴趣,那么,我们就一起来了解平移和旋转到底有什么作用。"随着吴老师的话音,屏幕上出现了三个话题:

(1) 楼房会搬家吗?(2) 聪明的设计家。(3) 巧算长度。

吴老师问:这里有三个问题,你最想研究哪个问题?

生:楼房会搬家吗?

生:我也想了解楼房真的会搬家吗。

生:我想了解聪明的设计家是怎么回事。

吴老师接着说:"同学们有这么多的问题想了解,那就让我们一起先进入第一个话题。"这时,大屏幕上播放出上海音乐厅平移66.4米的新闻录像。随着录像的停止,孩子们发出了"哇"的感慨,吴老师抓住这一时机启发学生说出自己的感受。

同学们异口同声地感叹:"神了!"此时,孩子们发自内心地体会到数学知识与人类创造的神奇力量。正当他们为数学的神奇而兴奋不已时,师生又一起进入了对第二个话题的研究。

吴老师引导学生仔细观察推拉窗户及上海音乐厅平移66.4米的录像,让学生自己发现平移和旋转在生活中的应用。在这里,没有老师繁复的讲述,也没有枯燥的记忆,有的是学生们积极主动地参与,兴趣盎然地发现和探索,感受数学的价值……学生们之所以想学,是源自吴老师创造的"激趣"的生态条件。吴老师用丰富而神奇的数学活动激发了孩子们学习的主动性,并把自己当作孩子们学习的伙伴,与他们一起想、一起学。

教育就是"点燃",吴老师用自己的真情点燃了孩子们学习的热情,点燃了孩子们心中的疑问,也点燃了孩子们的持续思考。

3. 真诚呵护情感,形成"学会"的生态环境

吴老师认为,要让每一个孩子都能"抬起头来走路",不能让任何一个孩子扮演"失败者"的角色,尤其是对学习出现困难的学生,更应付出加倍的爱,帮助他们扬起自信的风帆,为他们营造健康的、易于成长的生态环境。

### "我估计的数跑到最高的数外边去了"

在《平均数》一课上,吴老师让学生估算平均数,一位女同学估算出2000,显然超出了取值范围,吴老师来到这位女同学身边,摸着她的头亲切地说:"请你去问问同学,听听其他同学是怎样估计的。"被采访的是一个小男孩:"你估计的2000比最大的数还大,这是不可能的。平均数要比最大的数小,比最小的数大。"吴老师转过身来,摸着小女孩的头说:"听了这位同学的发言,你想说什么?"小女孩不好意思地说:"我估计的数跑到最高的数外边去了。"

一个"外"字表现出了孩子对平均数的认识和理解,体现了孩子对自己学习的反思。吴老师及时地点评道:"我非常佩服第一次估计比较准的同学,你们思考问题有根有据。但我更佩服身边的这位小姑娘,虽然第一次她估计到'外边'去了(有意识地用了儿童的语言),但是她学会了和同学交流,还能接纳别人的意见,能够修正自己的意见,这是很好的学习方法,我们都应该向她学习。"吴老师紧紧地握住小姑娘的手,小姑娘笑得那样甜。

吴老师善于在课堂上洞察不同学生的不同需求,她认为这是帮助他们从不会到会的重要环节,也是教师为学生营造"学会"的生态环境的重要基础。要想让学生喜欢数学,最重要的是让学生先听懂数学,学会数学。学生只有听懂了,学会了,才可能喜欢数学。

有一个孩子,在听了吴老师的《整除的复习》一课后,写下了这样的日记:

### 吴老师就像一个魔术师

一上课,我就被吴老师吸引住了。她不是直接给我们讲课,而是利用一些贴在黑板上的数学概念卡让我们分组讨论,并请同学走上讲台为大家讲解。这样把问题提出来,引起了我们的好奇心,使我们更愿意参加讨论。

当我们明白了概念和意义,但又缺乏简洁的提炼时,吴老师恰到好处地画龙点睛,并引用一些有意思的例子使我们茅塞顿开,这么难懂的定义就这样被我们记住了、理解了。

我原本感觉很难的数学课竟然可以如此妙趣横生。正是吴老师和同学们的互动,以及同学之间的交流,使我们在轻松、快乐中掌握和巩固了知识。刹那间,我感到吴老师就像一个魔术师,把深奥的数学原理像变魔术一样变得简单、有趣,把十几个概念有联系地串成了一条线,形成了一个数学知识网络,展示在大家面前,使我们陶醉其中,流连忘返。

看了孩子的话,听过吴老师课的人是否也深有同感?吴老师正是用自己的真情呵护不同孩子的心理需求,用简单的方式阐述着深刻的道理,使学生在"学会"的生态环境中扬起了风帆,获得发展。

### 4. 真爱唤醒智慧,打造"会学"的生态系统

吴老师认为,要让每一个学生都学会学习,最重要的是课堂上要给足学生独立思考、主动探究的空间,让孩子们在学习的海洋中自由活动、自主探索、亲身体验、自我感悟。这是学生获得真知、学会学习的重要途径。吴老师正是用教师的尊重和宽容为孩子们营造这样的时空,用真爱唤醒、呵护孩子们的智慧,引领孩子们从"学会"慢慢走向"会学"。

#### 《进位加法》教学片段

吴老师与孩子们一起摆小棒,共同分析"35+36"的竖式计算。有的同学先加整捆的,也就是先从十位加起,再加个位上的数;也有的同学先加单根的,也就是先从个位加起。吴老师并没有急着统一学生的做法,而是让大家互相交流各自的做法。

生:我是先从个位加起的,个位上 $5+6=11$,十位上 $3+3=6$,加上进的 1,十位写 7。

生:我也是先从个位加起的,5 个 1 加 6 个 1 是 11 个 1,向十位进 1,个位写 1,3 个 10 加 3 个 10 再加 1 个 10 是 7 个 10,和是 71。

吴老师拿出一个同学的作业本,指着本子上十位数上的涂抹痕迹,

问道:"这是怎么回事?"

生:我是先从十位加起的,3个10加3个10是6个10,十位写6,5个1加6个1是1个10和1个1,需要向十位进1,这时候需要把原来十位上的6擦掉,改成7。

师:听了这个同学的回答,你们有什么想法?

生:先从十位加起,比较麻烦,最好先从个位算起,免得进位时,十位上的数字还得擦掉重新写。

生:我觉得可以先看看个位加起来是不是满10,如果满10,十位相加时就多加一个。

生:你的这种方法可以,但是有时会忘记,计算就不准确了。

生:这样的题应该先从个位加起比较方便,满10向十位进1。

听到这里,吴老师面带笑容地望着"从十位加起"的学生:"听了同学们的建议,你有什么新想法?"

生:我觉得大家说得有道理,从个位加起不会产生麻烦。

师:快把掌声送给她,这位同学很善于接纳好的方法。

吴老师不仅会把掌声送给那些富有创造性想法的学生,还会送给那些出了错、跌倒后自己重新爬起来的孩子。在这样真诚的呵护中,孩子们又怎能不"乐学"呢?

吴老师在关注学生学会的同时,更关注学生是否会学。在吴老师的课堂上,学生常常可以自由地站在讲台前侃侃而谈;学生可以用自己的名字命名算式、定理、数学概念;学生可以有选择权,选择适合自己的练习题,选择自己喜欢的学习方法,在宽松的空间里,按自己的步伐行进;对答案不唯一、条件不完备、解法不相同的学习内容,学生可以自己设计方案;学生还可以参与板书,甚至可以挑战老师……在吴老师的课堂上,孩子们可做、能做的事很多很多,每一件都饱含着教师对学生的宽容与期待。吴老师对学生的那份真情就在一个个关注的眼神中、一句句鼓励的话语中、一次次轻轻的抚慰中,悄悄地流进了孩子们的心田。

吴老师以自己的智慧唤醒了学生的智慧,唤醒了学生的创造力。吴老师总是善待孩子的每一个想法、每一点发现，哪怕它不那么完美，不那么精深，她也从不轻易否定。

## 二、用真情帮助儿童跨越学习的障碍

学生在学习的过程中遇到困难和思维障碍是很正常的，这时，教师的主导作用就应是在恰当的时机、以恰当的方式帮助儿童跨越学习障碍。在吴老师的课堂上，孩子们敢说、敢做、敢于暴露自己真实的想法和困惑。吴老师有时组织大家交流"集体攻关"，有时借助巧妙的设问"层层突破"，有时还会引导大家展开辩论"辨明是非"。

### 1. 从固执到欣然接受的突破

吴老师在课堂上的真情还表现在不强求学生经历千篇一律的学习过程，尊重孩子们不同的认知过程。课堂上，时常会有学生在执意坚持后，最终欣然接受。

#### 《分数的初步认识》教学片段

吴老师让孩子们结合自己的生活经验，到黑板上表示出自己所发现的生活中的一半。有的孩子用"一半"两字表示，有的画一个圆并把它分成两半，有的画了一个桃子，旁边还有一把刀把桃子分成两等份……各人都用自己喜欢的表示方式。此时，吴老师在此基础上引出了"$\frac{1}{2}$"这个分数，并提出："现在，你们对自己的表示方法，愿意擦的可以擦去，愿意保留的也可以保留。"结果有两个孩子不愿意擦去，吴老师有意识地把他们画的图用红笔圈起来，以示对孩子们创造的尊重。

随着教学过程的深入，其中一个孩子把自己的图画也擦去了，只剩下那个画桃子的男孩仍然坚持用自己的图画来表示分数，吴老师耐心地等待着。

过了一会儿，这个男孩画着画着忽然放下了笔，说："不画了，总用画图表示分数实在太麻烦了!"此时,吴老师握着他的手微笑地说:"感谢你,终于接受了分数这个新朋友。"

吴老师爱孩子、尊重孩子,但吴老师不会漠视孩子们的错误。当学生出错时,吴老师总会及时而明确地指出,绝不手软。神奇的是,在吴老师面前犯错的孩子不会觉得难堪和懊恼,而是欣然接受,原因就在于吴老师与孩子们是真正平等的,她用心地去了解孩子,走近孩子,真正成为了孩子们的大朋友。当学生认可和接受老师的时候,就会把老师当作朋友,朋友之间是会坦诚交流的,当然也包括坦诚地指出彼此的错误。吴老师就是孩子们心中值得信赖的大朋友。

## 2. 从"墙角"到"前台"的超越

课堂上,学生无论坐在哪儿都可以感受到吴老师的热情、关注和尊重,哪怕是坐在不起眼的角落里。

### 给坐在墙角的男孩机会

在吴正宪老师执教的《分数的意义》一课上,下课时间临近了,吴老师问:"孩子们,你们在生活中接触到的分数有哪些?能举个例子吗?"吴老师绕过纷纷举起的小手,叫起了一个坐在墙角没有发过言也不举手的男孩。吴老师带着男孩走到讲台前,把话筒举给他,可是男孩没有发出声音,显得非常的紧张和不安。会场里安静了三四秒钟。吴老师搂着男孩的肩膀,让他转过身,背对着台下老师和其他同学,在男孩耳边说了一句悄悄话。再让男孩转过身,把话筒递给他时,他张口说了:"我去菜市场买了5个西红柿,吃了3个,吃了西红柿的$\frac{3}{5}$。"话音一落,台下响起了一阵掌声。最后,吴老师还不忘再次鼓励他:"今天,你在同伴面前表现得很出色。你的进步,就从这里开始。"

课后答疑时,有位老师提出了一个问题:"吴老师,当您提问那位男孩时,我心里也很紧张,生怕他依然不说话。我想知道您对他说了什么消除了他的紧张感。"吴老师回答:"我让他转过身去,对他说'现在没有别人了,你对我一个人说,咱不着急'。"吴老师接着说:"学习是孩子自己的事情,老师要做的是呵护学生的心理需求,创造一个安全的人际环境,让孩子想说。"

其实,每个班级都会有"坐在墙角"的学生,他们更需要教师的关爱。吴老师正是及时地关注到了这些孩子的心理需求,努力为他们制造成功的机会,让他们也有机会体验成功,有机会跨越学习的困难,有机会找回属于自己的自信。在另外一节数学课上,吴老师鼓励了一个害羞的男孩,这个男孩后来在周记中回忆了这节让他难忘的数学课。

### "我不再像个木头"

上个星期我们上了一节有趣的数学课,是吴老师为我们讲的这节课。在课堂上,每个同学都踊跃举手回答问题,我也回答了问题。开始,我不敢举手,怕说错了,但是我又想,如果我说错了,老师一定会纠正我的错误。我战胜了恐惧,举起了手,和王晨一起上台回答问题。在台上,我心里十分紧张,不知道说什么好,老师叫了一个人来帮我,听了那个同学的回答,我明白了。在说的过程中,好多老师被我给逗乐了。我说完后,回到了座位,继续上课,在课堂中,我以前不会的题现在全明白了。虽然是上星期上的课,但今天想起来,依旧那么清晰,一想起来我就会笑出声。上完课后我感到十分自豪,因为我在课堂上没有一言不发,我不再像个木头,而是勇敢地举起了手,在课堂中踊跃回答问题,课堂上的欢声笑语,都深深印在了我的脑海里,永远不会忘记!

孩子的话朴实又生动,让我们深切地体会到他的心情。虽然这个孩子没有提那节课上他学会了哪些知识,但我们相信他一定学得很好,记得很清楚。吴老师发现他回答问题有困难,叫了一名同学来帮他,使他实现了一次完美的心理跨越。试想,尴尬地站在前面,或是被老师简单地"打发"回去,还会有后来的自豪与难忘吗?可见,教师的真情对于学生,尤其是学习有困难的学生是多么的重要！吴老师用细致全面的关注、恰当有效的点拨、真诚友善的关爱，帮助孩子实现了从"墙角"到"舞台"的超越，可以想象，这个超越将对孩子未来或一生产生多么深远的影响。

3. 从不敢发言到毛遂自荐的跨越

心理学实验表明：一个人只要体验过一次成功的喜悦，便会激起多次追求成功的欲望。吴老师用真情为孩子们创造了追求成功的机会，被尊重、被激励的孩子们会在一次的成功中汲取动力和信心，向更多的困难和挑战挺进。

一个文静的小姑娘听了吴老师的课后，写下了这样的话：

"您一定很有吸引力"

在上课前，我曾担心会因为人多而不敢发言，但是当您开始讲课时，我就忘记了这些，只顾着把自己的想法表达出来。我想，您一定很有吸引力，要不然怎么连我们班几乎从来不发言的同学也毫不犹豫地举起手了呢？

是什么力量让这只小手高高举起？是什么唤起了孩子心底的那份勇气？孩子的话能帮助我们反思吴老师的课在 40 分钟之后给孩子们留下了什么。

在吴正宪老师的课堂上，我们常常会看到这样的场景：一节课过半，吴老师轻轻走到教室的某个角落，面带笑容地望着一直不怎么举手的孩子说道，"这位同学，我一直关注着你，说说你的想法好吗？我很想听到你的声音"。

研修活动中吴老师借班上课，该班级的任课老师常常会感到惊讶："以前上课从不爱回答问题的同学，今天竟然也高高地举起了小手！"吴老师用真情精心地创造了一个人人想参与、能参与的安全磁场，帮助孩子实现了"从不敢发言到毛遂自荐的跨越"，这个跨越将对孩子自信的建立产生深远的影响。

失去自信心的孩子往往不能够客观地认识自己，更不善于发现自己身上的闪光之处。他们很少有成功的体验，因而情绪低落，态度冷漠，失去了追求美好事物的信念，甚至"破罐破摔"。教师要精心策划，帮助孩子获得成功，不断地追求成功。"成功亦是成功之母"就是这个道理。成功的体验会满足学生自我实现的需要，使他们产生良好的情绪体验，并成为学生不断进取的加油站。当学生取得成功之后，因成功而激发的自信心对取得新成绩会产生进一步的推动作用，从而形成一个不断发展的良性循环。

## 三、用真情唤起儿童成长的力量

吴老师的课堂像心灵驿站，在这里的孩子可以忘记烦恼，轻松快乐地结伴前行；它像加油站，走进这里的孩子可以变得信心百倍、活力四射；它像一处港湾，停靠在这里的船儿正蓄势待发，准备扬帆起航……在吴老师的课堂上，学生收获的不仅仅是知识、方法，更多的是情感，是热爱数学的情感，是热爱学习的情感，更是热爱生活的情感。吴老师用她的真情唤起了学生成长的力量，使孩子们的收获远远超出了一节数学课。

### 1. 孩子们在这里改变了

在吴老师的课堂里，孩子们快乐地学习着、改变着，他们对知识的看法变了，对方法的理解变了，对数学的情感也变了……

- 以前我认为学习数学就像在地狱里生活一样，太枯燥乏味，太没意思了。现在我认为只要理解了，学习数学就仿佛身处美丽的公园。现在，我喜欢上数学课了。听吴老师讲课就像在玩一样，很轻松，很有趣，要是再有一次机会，我一定要再听一次吴老师的数学课。以前我觉得数学就是白纸，什么都没有，现在您帮我在白纸上添上了美丽的花。

- 我原以为数学概念就是靠背，但概念太多，背也背不过来，死记硬背还容易忘。因此我就觉得数学不好学，感到格外的累。上了吴老师的课后，我发现其实好多概念还可以用举例子的方法来解释，很容易明白。我陶醉于数学的美丽，现在做完一道难题，我充满了成就感。我很遗憾以前怎么就没有发现数学原来是这么有意思呢！

● 以前，我对数学不是特别感兴趣，数学概念又多又不好记。听了吴老师的课，我发现概念之间是有联系的，只要理解了就很好背了。其实，根本就用不着自己去背，学会了举例子，也就自然而然地会用了。

孩子们的真情告白使我们深刻感悟到：好的数学学习本身足以让学生感受到学习的乐趣，而这种乐趣是最持久的、最有价值的。

在吴老师的课堂里，数学不再是冷冰冰的性质、定理、法则、公式，在她的引领下，每个孩子都会被数学的魅力所吸引，都会为数学与生活的联系而感慨，都会为经过自己的努力解决了发生在身边的数学问题而自豪！

数学学习理应是丰富多彩的，学习内容应当是现实的、富有挑战性的。我们教师要善于挖掘那些有价值的数学学习内容，让数学走进孩子的生活；组织多样的学习方式，让孩子乐于探究；丰富孩子的学习空间，使数学变得鲜活。

## 2. 孩子们在这里成长了

在吴老师的课堂里，孩子们有机会探讨知识背后的道理，有机会梳理学过的知识，有机会反思用过的方法，有机会探索新的问题，有机会驻足反思……这些都让孩子们收获了不断学习的力量，让生命在课堂中扬帆起航。在《整除的复习》一课后，孩子们这样写道：

● 上您的课我觉得自己好像沉醉其中，您创造了"美与数学结合的境界"。我真的很高兴我开始喜欢数学，享受做数学题的乐趣！

● 我印象最深的是课上我们一起整理出来的那张网络图。大家经过努力把混乱的、横七竖八的知识点制成了一张有联系的网络图，使零乱的知识有了整齐的家，就像蝌蚪找到了妈妈一样。

- 吴老师的课让我收获了很多方法，例如举例、缩小包围圈……您教会了我如何去思考。

- 这堂课对我的帮助很大，我不但学到了新的知识，而且受到了很大的启发，那就是学习只有掌握方法，才会学得又快又好，否则就会事倍功半，这使我对学习产生了更加浓厚的兴趣。

- 蚂蚁被称为"大力神"，因为它能举起比自己重好多倍的东西。但如果没有其他蚂蚁的帮助，仅靠一只蚂蚁使劲儿，它们还能举起比自己大的东西吗？在通向成功的道路上，往往一个人是走不到头的。如果没有热心的指路人，你或许会走向离成功越来越远的路。如果没有人和你一起推倒你根本推不动的石头，你就会被这块巨石挡住前进的道路。当你获得成功时，不要忘了帮助你的人。今天课堂上的小组合作学习就像一个蚂蚁团队，我感受到了合作的力量。

北京师范大学周玉仁教授曾这样评价：吴正宪是一个重感情、充满人情味的老师。课堂上，她不仅用数学的真谛来拨亮孩子们的心灵，更用她对孩子的爱心和真情来感染他们，用自己人格的魅力来塑造他们。她的课，知情交融，师生互动；她的课，充满了童趣、乐趣。课伊始，趣已生；课继续，情更深；课已完，意未尽。40分钟的数学课，像磁铁那样把每一个孩子的心紧紧地吸在一起，把时空有限的课堂变为人人参与、个个思考的无限空间。

"情"是吴老师为人、为师的显著特点，她用真情对待身边的每一个人，她用真情诠释每一节课。她真诚地牵着学生的小手，和他们一起说着、笑着、思考着，用教师的爱唤醒学生的情，让学生因为喜欢教师而喜欢数学，因为喜欢数学而喜欢学习。在吴老师的课堂中，学生们获得的不仅是知识，是方法，更有做人的哲理，他们真真切切地感受到了生命成长的幸福。这便是吴老师真情流淌的生命课堂。

（翟万盈　于萍）

# 2. 经验对接的主体课堂

美国著名教育家杜威强调，教育必须建立在经验的基础上，教育就是经验的生长和经验的改造，是在经验中、由于经验和为着经验的一种发展过程，学生从经验中产生问题，而问题又可以激发他们去探索知识，产生新观念。

苏联教育家和心理学家维果茨基很重视学生原有的经验与新知识之间的相互作用，并用"最近发展区"的概念来描述这种相互关系，他把学习者的日常经验称为"自下而上的知识"，自下而上的知识只有与自上而下的知识相联系，才能成为自觉的、系统的知识；自上而下的知识只有与自下而上的知识相联系，才能获得成长的基础。

德国教育家第斯多惠说过："教育的艺术不在于传授的本领，而在激励、唤醒和鼓舞。"吴正宪老师的课堂教学风格的一大特色就是善于激励、唤起和鼓舞学生。每每聆听吴老师的课，不仅仅是学生，就连听课的教师也会被深深地吸引，随着师生真切交流的旋律而跃动。

这是因为吴老师了解学生，尊重学生，真正以学生为主体，她的课堂注重与儿童经验对接，她以亲身实践诠释了课堂上最重要的是什么。

## 一、说儿童能懂的话

就数学知识而言，师生之间存在着巨大差别，教师已知，而学生未知。已知与未知的对接就是教学的艺术。

关注儿童经验，说儿童能懂的话，才能跨越师生之间、数学与学生之间的沟壑，让教师和数学走入学生的心灵。

吴老师在课堂上总是从学生已有的经验出发，说儿童能懂的话，简单明了，而且话语生动、亲切，很适合学生，更能激发学生主体的深度参与，大大提高教学的有效性。

## 1. 运用学生经历过的例子彰显"大道理"

学生能懂的一般都是他们经历过的，学生先前的经验有助于学习新的知识。要将学生的经验与未知的知识对接，就要了解学生的经验，用学生能懂的话彰显其中的道理。

吴老师在教学中使用的语言很普通，都是学生能听懂的；吴老师使用的教学语言很生动，容易激发学生的兴趣；吴老师使用的教学语言很有深意，能够触动学生的内心。

针对学生出现的"相同数位没对齐"的计算错误，吴老师追问："1人加1狗是2人，还是2狗呢？"学生们顿时安静下来，然后一位学生突然醒悟过来，大声反问道："老师，人和狗能相加吗？"随后，听到出错的同学一声长叹："哦，人和狗是不能相加的，就如同不是相同数位上的数不能直接相加一样，是同一个道理。"一个玩笑让这位学生彻底弄明白了这个道理，而且印象深刻。如果直接说计算法则，小学生很可能左耳进右耳出，而且还会觉得数学很枯燥。正是"人加狗"的幽默触动了学生的心弦，才使得生硬的数学概念变得那么容易理解，那么有意思，才使得学生轻轻松松地就明白了其中的究竟。

以学生为主体，就要下一个台阶，与学生站在同一个平台上，基于学生的已有经验进行教学。

## 2. 进入儿童的话语系统

教学的对象是小学生，教学的语言就要注意进入儿童的话语系统。说儿童能懂的话，高深莫测不如简单明了。通过简单明了的语言，让学生更轻松地学习数学，理解数学的道理，同时学习数学语言。

### (1) 让学生来命名

在教学《估算》时，吴老师关注估算方法的多样化，她让学生根据各种估算方法的特点来为估算方法命名。

## 为多种多样的估算方法命名

教师在讲了曹冲称象的故事后,出示了六次称石头的结果:

| 次数 | 第一次 | 第二次 | 第三次 | 第四次 | 第五次 | 第六次 |
|---|---|---|---|---|---|---|
| 质量(千克) | 328 | 346 | 307 | 377 | 398 | 352 |

学生呈现各种估算方法后,课堂进入积极的汇报交流阶段。

**小估:**

吴老师在黑板上首先圈出"300×6"。学生解释理由,即把所有的数都估成300,再乘6。吴老师说:"本来是300多,这位同学都估成300,你们能为他这种方法取个有特点的名字吗?"学生说:"小估。"众生笑。吴老师尊重学生的命名。大家一下子抓住了"小估"的特点。

**大估:**

吴老师圈出"400×6"。学生解释理由后,将这种方法命名为"大估"。

**大小估:**

吴老师圈出"300×3=900,400×3=1200,900+1200=2100"。学生解释说:"前面三个数都比较接近300,我就把它估成300,后三个数都比较接近400,我就把它估成400,然后再把算出来的得数加起来,是2100。"学生美其名曰"大小估"。

**中估:**

吴老师圈出"350×6"。学生解释说:"把全部的数都估成350,然后再乘6。"吴老师说:"他不往小估,也不往大估,这个特点很鲜明。"于是,学生将这种方法命名为"中估"。

**四舍五入估:**

老师圈出"330+350+310+380+400+360"。学生在命名时,根据特点说出了双单估、上下估等多个名字,在吴老师的引导下,学生最后直指其本质,将这种方法命名为"四舍五入估"。

**凑估:**

吴老师指着"300×7=2100",自言自语道:"明明是6个数,这里怎么变成了 7 个 300,有道理吗?"在热烈的讨论中,同学将这个与众不同的估法命名为"凑估"。

……

这节课的教学内容是估算,这么多不同的估算方法,怎样才能使同学们明白并且印象深刻呢?吴老师引导学生根据特点起名字,巧妙地解决了问题。更为重要的是在解决问题中体会估算的价值,感知"等量的等量相等"以及"总量等于各分量之和"的数量关系,培养了学生的量感,发展了推理意识。

**(2) 将道理拟人化**

教学《数的整除》复习课时,一位同学说:"2 是互质数。"吴老师回应道:"2 和谁互质呀?"吴老师所用的语言完全是儿童的话语,而且简单明了,直指概念的本质。

互质数是对"公因数只有 1"的两个数而言的,如果完全用数学语言来叙述,学生会觉得枯燥难懂。吴老师适时地抓住了概念的本质特征——重要的"互"字,机智地将数学内涵与学生的经验对接,为互质数穿上了学生熟识的外衣,拉近了互质数与学生的距离,使学生更深刻地理解了数学概念。

## 二、让儿童说自己的话

学习时,如果儿童能够将概念内化为自己的语言表达出来,就表明他们真正学会了。要使学生顺利地将概念内化,教师就要更多地了解学生,积极地调动学生的生活经验和思维经验,允许并鼓励学生用自己的语言表述概念。与其让学生将一套套规范严格的语言模仿出来,不如让学生用自己的不严格的话语把理解的内容表达出来。

**1. 调动学生生活经验**

学生跨入校门的时候,已经积累了许多经验。教师若能调动学生已有的经验进行教学,必将事半功倍。

有的经验可能使学生感觉淡漠,使学生缺乏感受性和反应性,因而,就会限制将来获得比较丰富经验的各种可能性。而有的经验可能立即使人感到欢快，然而它却促使人们养成马马虎虎和不细心的态度，这种态度就会改变后来的经验的性质，因而，就会妨碍人们去得到这些经验应该给予他们的东西（《我们怎样思维·经验与教育》，约翰·杜威著，姜文闵译，人民教育出版社，2005年）。

因此，在调动学生经验时，首先要考虑经验带给学生的情感，要调动那些能够促进学生积极情感的经验；其次要考虑经验的效果，除了带来积极情感外，经验还会带来什么，要充分利用儿童已有的经验学习、理解数学。

在《年、月、日》一课中，吴老师注重调动儿童的积极生活经验，请同学们用生活中经历的一些事情，描述一年、一月、一日大约有多长。

生：今年春节到明年再过春节是一年。

生：今年5月7日是我的生日，再到明年的5月7日，我长大了一岁，也就是又过了一年。

生：我爸爸这个月领工资到下个月再领工资就是一个月。

生：今天这时到明天这时就是一日。

……

课堂上，同学们七嘴八舌地说着、笑着，回味着生活的经历，初步体会着年、月、日的时间概念。

学习年、月、日这样的内容不像学习时、分、秒，教师不可能让学生现场体验。但是教师通过精心设计，将学生记忆中的各种体验调入"前台"，这样，学生对新知识的理解就会变得更加容易，感悟就会更加深刻。

2. 调动学生思维经验

在教学新概念时，教师可以调动学生的思维系统，让他们运用自己的思维经验内化概念。

当遇到新的问题时，孩子们会在原有经验的基础上，使用丰富多彩、个性十足的儿童语言。这种表述虽然有时会不严谨甚至还会出点错误，但教师的接纳和理解是孩子继续创造的动力。正像吴老师所说:"'好吃'的数学可能不那么严谨系统,只有属于孩子们自己的数学才是最适合的数学学习;'好玩儿'的课堂可能没那么尽善尽美,只有属于孩子们自己的课堂才是最有魅力的课堂。"

## "操作"出的圆周长

在教学《圆的周长》一课时,学生通过学具(水杯、可乐瓶、圆形纸片、直尺、绳子、剪刀)探索新知识。

吴老师:龙潭湖公园有一个圆形花坛,为保护花草,准备沿花坛的四周围篱笆,需要多长的篱笆呢?你们能帮助解决这个问题吗?请利用手中的学具,小组合作探索圆周长的计算方法。

……

小组1:我们组是把圆形纸片立起来放在直尺边上滚动一圈,就测出了它的周长。

吴老师先充分肯定了孩子的想法,同时指出如果有一个很大的圆形水池,要求它的周长,能用这个办法把水池立起来滚动一周吗?吴老师边说边做了一个滑稽的动作,同学们笑了,笑声过后陷入深深的思考。

小组2:我们组研究的办法比较好,用绳子把水池绕一圈,再量量绳子的长度,不就是水池的周长吗?

吴老师不住地点头说:"好,好!"又拿出一端系有小球的线绳,在空中旋转,使小球划过的轨迹形成一个圆,接着抛出了一个问题:要求这个圆的周长还能用你们组的办法拿绳子绕一圈吗?

同学们又陷入了思考……

小组3:将这张圆形纸对折三次,这样圆的周长就被平均分成了8段,我们测量了每条线段的长度是2厘米,8段就是16厘米,也就是圆的周长。

课堂上呈现了多种思考方法。接着吴老师将两条长短不等的绳子的一端分别系上两个小球旋转，小球划过的轨迹形成了两个大小不同的圆，吴老师追问道："是谁决定了圆周长的长短？圆周长到底与什么有关系？"

学生通过多次观察、操作、实验，终于发现圆的周长是它直径的3倍多一些。

学生通过自己的经历发现了圆周长与直径的关系。在一个个思维的跃动中学生更容易接受数学概念，体会也更深刻。

《分数的初步认识》是人教版三年级上册的教学内容，是学生对数域的第一次拓展。众所周知，分数是在实际度量和均分中产生的。"学生应该首先体验将具体的材料分成相等部分然后形成分数的行为。最初的时候不应该使用符号，直到学生对这些术语感到自信的时候再使用。"（《教与学的新方法·数学》，J. L. Martin 著，王嵘等译，北京师范大学出版社，2004 年）

吴老师践行新课程理念，更加关注学生的已有经验，她提出了一个富有挑战性且符合儿童年龄特征的学习任务："能用你喜欢的方式来表示一个桃子的一半儿吗？"孩子们的兴趣被大大地激发了，黑板成了他们的领地，他们纷纷在黑板上展示着自己的创造。

一个学生没有体会到分数这种表示方法的简洁性，始终坚持己见，吴老师巧妙地请他到黑板上来表示$\frac{1}{100}$，小家伙径直走上讲台，没画一会儿就对吴老师说："老师，这种方法太麻烦了，还是用分数表示好。"边说边使劲把开始画在黑板上的图擦掉了。

学生起初可以用图顺利地表示出"桃子的一半儿"，琳琅满目的图画彰显了他们的个性。可是，当平均分的份数增加，所分事物有了变化时，他们发现原有经验已不能满足现状，必须调整，从而接纳了分数这个新朋友。就这样，学生将学习内容与已有的知识经验联系起来，没有机械的语言，没有生硬的灌输，自然地实现了新知识的自我建构。

听过吴老师的课的人都有一个突出的感受，就是她把单纯的讲授变成了平等的对话，花更多的时间听学生说，于是产生了有效的交流。在课堂上，吴老师关注的不是对学生说了多少话，而是说了多少学生能理解的话。学生听懂了，自然就喜欢了，喜欢了自然就接纳了。

尊重学生朴素的语言，尊重学生的原生态，尊重学生运用自身经验内化概念的过程。正是由于吴老师的尊重和等待，给予学生反思的机会，学生才可能水到渠成地内化概念，学会新知识。

## 三、做儿童乐做的事

研究表明，人们在学习时，如果仅靠听和看，最多能吸收 30% 的新知识；如果动手做，可以吸收 90% 以上的新知识。因而"做数学"成为当前数学教育的一个重要观点，它强调学生学习数学是一个现实的体验、理解和反思的过程，强调了以学生为主体的学习活动对学生理解数学的重要性。

1. 模拟操作，适时唤醒学生的经验

学生有许许多多的生活经历，稍不注意，这些经历就悄悄地溜过去了。几乎所有数学道理和生活道理都是相通的，在学习数学时，很多"经历"可以帮助学生明白数学道理，同时还可以被提升为"经验"。

在教学中，吴老师经常通过让学生模拟操作的形式来理解概念，通过使学生经历再现来帮助他们学数学。比如，学生说不清什么是平移、旋转，但都经历过，于是吴老师让学生"表演"平移和旋转，以现场"做"的形式唤醒学生的经验，将经验与概念对接，引发学生对二者关系的思考，使学生的学习过程简单明了而有趣。

2. 角色扮演，做得好自然说得好

给学生提供充分的数学活动的机会，学生经历了做的过程，思考就有了载体。通过角色扮演，学生更容易入情入境，更容易通过主动感受进行学习,做得好自然说得好。

在《圆的认识》一课中,屏幕上出现了一个有趣的题目:下课了,一年级的小朋友去操场上做游戏,想画一个大圆,可又没有任何工具,你能帮他们想个办法吗?

吴老师和同学们一起讨论。有的说:"不行,没有那么大的圆规。""绳子可以作为工具吗?"最后经过讨论,大家一致同意由几个同学手拉手画一个大圆。

这时候,吴老师请几个同学到前面演示,被请上台的几个同学手拉起手,一个同学作为圆心站着不动,其他同学排成一排绕圆心走一圈。

吴老师问:"你们是根据什么想出这种办法的?"学生齐声说:"根据半径相等。"

学生通过亲身参与画圆的过程,更深刻地理解了圆。与其说很多话让学生去体会、理解,不如让学生亲身参与、主动思考。

3. 耐心等待,让学生自主建构

吴老师说:"等待是一种教学理念;等待是一种教学策略;等待是一种教学艺术。"了解学生的经验,在教学中适度地等待,等待学生自主地运用经验,自主地将经验与新知识相联系。学生经验流出之时,正是学生自主建构成功之时。

《分数的初步认识》中的问题情境:有4个桃子,平均分给2个人,每人得到几个?"啪,啪",学生用击掌两下表示。有2个桃子,平均分给2个人,每人得到几个?"啪",学生用击掌一下表示。只有1个桃子,平均分给2个人,每人分得几个?

有的学生用右手指尖点了一下手心,有的两手手心相对并不合上,有的不由自主地说"半个",吴老师不紧不慢地说:"对,半个,半个该怎么写呢？小朋友们，能用你们喜欢的方法表示你们心目中的一半吗？"

孩子们跑到黑板前，用不同的方式表示着自己心目中的"一半"。

吴老师有意没有急于告诉学生二分之一以及它的写法，同学们在老师的等待中尝试着、议论着，表达着各自的想法。此时，教师的等待意义非凡，不但能等出正确结论，更能等出思维的提升。

设置情境，可以使学生利用原来已有的知识经验来解决问题，并引发学生思考。比如，是不是小正方形的块数越多，拼成的长方形也越多？如果不是，那拼成的长方形种类的多少和什么有关呢？通过新知的学习，学生知晓了有关现象在未知的知识海洋里所处的位置，借助经验将现象与知识对接，由未知走向已知。在由未知走向已知的过程中，经验发挥了很大作用。总之，整个情境的创设体现了生活实践数学化、数学概念实践化这样两个转化，充分体现了"教育就是经验的生长和经验的改造，是在经验中、由于经验和为着经验的一种发展过程"。这也是当今以人的发展为本的科学教育发展观的体现。

正如一位诗人所说：一切经验是闪光的拱门，辉映着人迹未到的世尘，只要我向着它步步靠近，那里的边缘便消逝无存。课堂是生命与生命的对话，是经验与经验的对接。教师与学生互相靠近，将教师的"学术"经验与学生的已有经验对接，让教师进入学生的话语系统，进入学生的思维系统，这样，师生才能真诚对话。

天时、地利、人和，经验是地利，智慧的老师是天时，师生和谐互动是人和。

"水有源，故其流不穷；木有根，故其生不穷。"学生有经验，自然就有教育的可能和空间。经验是儿童数学学习的重要资源，学生的学习过程就是一个经验的激活、利用、调整、提升的过程（如下图），是一个建立在经验基础上的主动建构的过程。

**（1）激活经验**

我们所谓的正规教育已经使我们的学生误以为自己没有了直觉，其实它就深藏在某个角落。要想激活学生封存已久的直觉，就需要教师精心设计，调动儿童以往积累的经验。虽然直觉的获得具有一定的偶然性，但绝不是无缘无故的凭空臆想，而是以丰富的经验为基础的，否则不会迸发出思维的火花。这就需要我们引导学生用"熟悉的"去解释"陌生的"，用"具体的"去理解"抽象的"，使数学变得"简单些"。

**（2）利用经验**

小学数学不应过于强调对某些数学文字的表面理解，而应力求引导学生感悟数学的本质，鼓励学生尝试用自己的数学语言诠释对数学意义的真正理解，从而把握住数学的魂。不应刻意追求课堂的尽善尽美，鼓励学生用原生态的，甚至是有些不规范的语言诠释自己对数学意义的理解，使数学变得"朴实些"。

**（3）调整经验**

由于儿童所处的文化环境、家庭背景和自身思维方式等不同，他们的经验也往往是个性化的，需要教师把人为制造的难点降下来，减少整齐划一、千篇一律的统一要求，充分关注学生个性化的学习需求，使数学变得"容易些"。肤浅的、片面的、零散的甚至错误的经验当然也会大量存在，这就需要教师有选择地利用并不断地调整、改造。

**（4）提升经验**

知识可以通过书本、被告知等方式获得，而经验只有通过自己做来获得。课堂就是学生获得经验的重要场所，通过教师精心设计的活动，学生在经历经验的激活、利用、调整的过程中，将经验进行了提升，从而获得了更为丰富的经验，为再一次被激活做好充分的准备。在这种螺旋上升的发展过程中，学生的经验得以进一步丰富和发展，学习的质量进一步提高，从而构建起属于自己的数学。

《义务教育数学课程标准（2022年版）》提出了"课程目标以学生发展为本，以核心素养为导向，进一步强调学生获得数学基础知识、基本技能、基本思想和基本活动经验（简称'四基'），发展运用数学知识与方法发现、提出、分析和解决问题的能力（简称'四能'），形成正确的情感、态度和价值观"。

这必然在观念转变、经验积累、教与学方式更新、拓宽视野、资源建设等诸多方面，对数学课程发展产生有力度的推动。

（胡立利　范存丽　薛铮　薛涟霞）

# 3. 思维碰撞的智慧课堂

听过吴老师的课,人们经常会问:"为什么学生在吴老师的课堂上会如此激动、兴奋、主动,会妙语连珠、思维活跃、思考深刻,会有那么专注的神态和'原来如此'的释然?"这些都源于吴老师在课堂中编织了一条五彩缤纷的智慧彩带,让思维在这里碰撞、延续、升华,为数学教学增添了夺目的光彩,吸引着、召唤着、感染着学生,使学生感受到数学学习的快乐。

在课堂中,吴老师善于制造思维矛盾,使学生在解决矛盾的过程中感受智力活动的快乐。随着课堂的深入、思维的碰撞,认知矛盾逐渐凸显,在师生的交流、探索、辩论、合作中,矛盾又不知不觉地化解了,显得那么水到渠成,恰到好处。吴老师带着智慧走进课堂,又在课堂中播种智慧、催生智慧,学生在吴老师精心编织的智慧摇篮中体验着数学学习的快乐。

## 一、激发学生在"问题串"中思考

在课堂教学中,老师们普遍很重视课堂教学提问,但常常出现以"数量"代替"质量"的情况,即教师的提问大都以记忆性问题、判断性问题居多,而创新性问题、批判性问题少之又少。吴老师是如何在课堂教学中把握有效提问的技巧,使提问成为学生思维的导火索,在课堂教学中擦出耀眼的火花呢?

### 1. 退回到学生认知起点的设问

吴老师幽默、机智、恰到好处的设问,是激发学生思维共振、情感共鸣的重要手段。吴老师的提问经常是在学生熟悉的、感兴趣的情境中不经意地抛出，每次她抛出的问题都能适时地引起学生的认知冲突，打破学生的心理平衡，激发学生的学习兴趣、好奇心和求知欲，从而使学生展开思维的翅膀，热情主动地投入学习中。

## 《异分母分数加减法》教学片段

吴老师先让学生通过折纸、画图等方法理解算理，在初步找到异分母分数加减法的方法后，出示三道题：$\frac{1}{4}+\frac{7}{12}$，$\frac{1}{4}+\frac{5}{6}$，$\frac{1}{4}-\frac{1}{7}$，请同学们任选一题试做。学生做完并订正后，吴老师提出了四个问题：

**问题1：做这三道题时，同学们都把异分母分数转化为同分母分数，转化时你发现了什么？**

生：在把异分母分数转化成同分母分数的时候，要取两个异分母的最小公倍数，这样计算才能最简单。

生：转化分母时，我发现当两个分母成倍数关系时，取较大的分母为公分母；当两个分母互质时，它们的公分母是两个分母的乘积；当两个分母既不是倍数关系，也不互质时，可以用大数扩倍法求出它们的最小公倍数作为公分母。

**问题2：为什么你们都把它们转化为同分母的分数？**

生：因为只有分数单位相同的分数才能相加减，把异分母分数转化为同分母分数的目的是为了统一分数单位。

生：异分母分数的分数单位不同，就不能直接相加减，所以要转化成同分母分数后再进行计算。

**问题3：通过计算，你们认为异分母分数加减法的计算方法是什么？**

生：要先转化为同分母分数加减法，然后再根据同分母分数加减法的方法进行计算。

生：先通分，然后按照同分母分数加减法的计算方法进行计算，即分母不变，分子相加减，加的是相同计数单位的个数。

**问题4：在计算时要注意什么问题？**

生：要注意计算的结果不是最简分数时要化成最简分数。

在这段教学中,吴老师首先给了学生一个自悟自省的过程,然后通过四个主要问题,巧妙地实现了由"理"到"法"的对接,使学生顺利地完善了计算异分母分数加减法的方法,并点拨了在计算时要注意的细节。第一、二个问题的抛出,使学生进一步理解异分母分数加减法的算理,明确转化的目的,与学生已有的学习经验巧妙对接,使学生的思维产生兴奋与愉悦。第三、四个问题的提出,是在学生进一步明理的基础上,明确计算的方法。

这节课,异分母分数加减法的计算方法是重点,但吴老师并不仅仅关注于此,而是把通分、化简等方法通过教师的设问进行点拨指导,使学生在计算的时候方法更加清晰、明确。由此我们可以看出,吴老师不仅关注学生对知识和方法的掌握,同时还注意培养学生严谨认真的学习态度。

在吴老师的课堂上,我们不仅能感受到强烈的数学气息,而且能感受到吴老师对学生的了解,问题总在学生思维的结点上适时地抛出,以引起学生思维的激荡。一个个问题的抛出,一个个思维高潮的迭起,使学生处于欲罢不能的状态,沉浸在自主探索的气氛中,感受着学习数学的无限乐趣与激情。

2. 推波助澜的追问

在教学中,"还有吗?还有其他方法吗?"这样的发散性追问成为很多教师的首选。虽然这种追问的适用面广,但同时也存在着目的性不明确的弊端,是造成低效课堂的原因之一。而吴老师的追问句句有"实质内容",使学生不仅有问题可想,而且有话可说。学生在追问中思维逐渐深入,对问题的理解逐渐深刻,对数学本质的理解逐渐清晰,再加之吴老师恰到好处的神态、评价,学生更是思而不倦,兴趣盎然。

《平均数》教学片段

师:请你阅读下列资料,试着提出问题并解答。

【阅读资料】摘编自《人民日报》2021 年 1 月 18 日《科技视点》栏目,文字有修改。

1970 年 4 月 24 日,中国发射了独立自主研制的第一颗航天器东方红一号卫星，迈出了走向太空的第一步。2020年11月24日到2020年12月17日，嫦娥五号完成了23天的月球采样返回之旅，创造了中国航天史上又一个里程碑式的成就。从东方红一号到嫦娥五号，中国空间技术研究院研制并成功发射了300个航天器，统称为"三百星"，包括第一颗人造卫星、第一艘飞船、第一颗导航卫星、第一个月球探测器、第一个空间实验室、第一艘货运飞船。其中，发射第一个"百星"用了41年时间，第二个"百星"用了6年时间，而达成第三个"百星"只用了3年时间。

生：50年放飞300星，平均每年放飞几颗星？

$300 \div 50 = 6$（颗）。平均每年放飞6颗星。

师：6颗星表示什么意思？

生：这6颗星表示这50年间的每年放飞的平均数，也就是这组数据的整体水平。

生：第一个"百星"用了41年，求第一个"百星"平均每年放飞多少颗星？

第一个"百星"：$100 \div 41 \approx 2.4$（颗）。

生：受大家的启发，第二个"百星"用了6年，求第二个"百星"平均每年放飞多少颗星？

第二个"百星"：$100 \div 6 \approx 16.7$（颗）。

生：第三个"百星"用了3年，求第三个"百星"平均每年放飞多少颗星？

第三个"百星"：$100 \div 3 \approx 33.3$（颗）。

师：通过大家提问题，你又有什么新发现？

生：如果把50年看作一个整体，平均每年放飞6颗星；分别计算每一个"百星"平均每年放飞的颗数，从2.4颗、16.7颗到33.3颗和每年放飞6颗星进行比较，能看出数据的变化趋势。

生：50年放飞300颗，平均每年6颗，多的给少的，匀乎匀乎后的结果，6颗没给我留下太多的感受，而分别计算每个"百星"所用的时间,求出年平均放飞星的数量,我被震撼了。

生:这三个平均数分别为 2.4 颗、16.7 颗、33.3 颗,它们分别代表着每一个百年整体放飞的水平。

师:你们真会思考!通过数据分类,加深了对三个平均数意义的理解,特别是与"平均每年放飞 6 颗星"比较,可以更加直观感知平均数的统计意义,以及数据的变化趋势与程度,感受我国航天事业的飞速发展!

通过阅读资料和教师的不断追问,学生知道了中国空间技术研究院最近 50 年已经向太空发射了 300 个航天器,俗称"三百星",从中提取有价值的信息,用不同的数据感受平均数的价值。根据每发射"一百星"所用年数,在对比整体和数据分段的计算中,学生体会到用不同平均数进行表达的意义,同时感悟中国航天科技飞速发展和祖国的强大。如果对阅读材料仅仅停留在浅层理解,不进行深入分析与思考,数据分类的作用与意义就得不到凸显。

追问的关键就在于问题是否能有效地把学生的思维引向"最近发展区",是否能让学生感受到进行智力活动的乐趣。追问所能达到的最高境界,是要让学生从课堂上"被动地被教师追问"走向"主动地自我追问",培养学生的问题意识。我们要让学生在追问中思考,在思考中感悟,在感悟中获得,以此提升学生的思维层次,促进学生数学思维的有效形成。

3. 故作疑惑的反问

吴老师善于激起学生思维的涟漪,把课堂的"温度"建立在思维的深度上。而恰到好处的反问,能使学生的思维向纵深延展,有利于发展学生思维的全面性和深刻性,进一步把握数学的本质。

《搭配》教学片段

课一开始,吴老师就用图片出示短衣、长衣、短裙、长裙和长裤这五种服装,让学生进行搭配,要求是:上装任选一件,下装任选一件,搭配成一套。让学生先猜一猜有几种不同的搭配方法。

在学生纷纷表述自己的想法之后，吴老师开始反问。

反问1：3种、5种、6种……你们到底同意哪种？为什么？

生：3种、5种的不全，6种的全。

生：6种的最多。

反问2：我还可以再多，看，第六种是短衣和裙子，第七种还是短衣和裙子，可以吗？

生：重复了。

反问3：那你们的标准是什么？

生：不多不少。

师：不多也就是——（生答：不能重复。）不少也就是——（生答：不遗漏。）

反问4：你发现写3种、5种和6种有什么区别？

生：3种、5种写得乱，6种写得全，有规律。

师：找出自己的错误，欣赏别人的长处，这是一个会学习的孩子，掌声送给他。

师板书："乱""全"。

反问5：怎样从"乱"到"全"呢？

生：把刚才搭配的过程用线连起来。

吴老师请一位同学到黑板上有序地连线，众生静静地观看。

一节普普通通的《搭配》课，在吴老师的追问之下，孩子经过思考，得出了搭配物品的方法，体会到不重复不遗漏，就是不多也不少。多朴素的道理呀，多生动的教学呀！给学生创设动手操作的机会，质疑学生的想法，让学生经历思考、操作、选择……体验自主探索的快乐。当学生找出解决问题的方法后，吴老师适时地反问打破了学生已有的认知水平，使学生对自己的方法进行反思，体会到搭配是有原则、有标准的，而且这个标准又是孩子们从自己已有的经验与现实的矛盾冲突中得来的，从而产生探索方法的欲望和兴趣。

恰当地反问能促进学生思维的深刻性和批判性，但如果把握不好反问的度，又会削弱学生探索的积极性，让学生认为自己的方法教师不太满意或答案是错误的。吴老师在反问之前,是站在学生的角度思考的。站在学生的立场反问,让学生感受到老师是和他们在一起的,在和他们一起想办法解决问题,这样才能得到学生的认可,才不会让学生觉得突兀。

巧妙地设问、适时地追问、恰到好处地反问,构成了吴老师课堂的一道美丽的风景,学生在吴老师无痕的设计中思考着、交流着、争论着。一连串的问题搅动了学生的思维,也培养了学生的问题意识和发现问题并解决问题的能力,使学生的智慧在教师的激发中飞扬。

我们时常思考,在数学教学中是否存在着一种比较普遍的手段,能激发学生的学习兴趣和积极性?有价值的课堂提问就是这样一种手段,教师通过提出具有挑战性、启发性的问题,激发学生的好奇心,使其深入地思考,发展数学思维。反思吴老师的课堂提问,给了我们哪些启示呢?

**(1) 精心设计核心问题**

课堂中巧妙的提问离不开教师课前精心的设计。首先,教师要针对教学内容以及学生的认知特点,设计有针对性的问题,特别是核心问题。其次,要减少判断式的、记忆性的问题,避免一问一答的提问方式。再次,要关注学生的"最近发展区",提出有思维含量的问题。最后,要把握好提问的时机,要在学生思维的兴奋点抛出问题,以调动学生思考的兴趣和积极性。此外,提问的语言要贴近学生实际,使学生听得懂、喜欢听,这样才能激发生的思维。

**(2) 巧妙设计"问题串"**

"问题串"是数学课堂教学中使学生思维不断深化的有效手段,成串的问题由浅到深、由表及里,为学生思维的提升搭建了一个个必要的阶梯,使学生的思维更加顺畅和连贯,培养了学生深入思考的习惯。"问题串"的设计要注意由浅入深,逐渐深入,要体现层次性和发展性。同时,要结合学生的实际情况和课堂生成的问题及时进行调整,使"问题串"对学生理解知识、发展思维等起到促进作用。

**(3) 灵活地修正问题**

课前精心设计的问题在课堂教学过程中有时也会受到挑战,因为课堂中生成的资源常常会把教师提前设计的一些问题打乱。这时,教师要灵活地根据学生的知识掌握情况、认知规律等重新调整问题，甚至舍弃个别问题，以适应学生学习的需求，满足学生学习的需要，提高课堂的实效。

**（4）给学生提问的机会**

爱因斯坦曾明确地指出："提出一个问题比解决一个问题更重要。因为解决问题也许是一个数学上或试验上的技能而已，而提出新的问题，新的可能性，从新的角度去看旧的问题，却需要创造性的想象力，而且标志着科学的真正进步。"教师要给学生提问的机会，使学生学会提出有价值的问题，培养学生的创新意识和创造能力。

## 二、引导学生在对立中辨析

熟悉吴老师课堂的人，一定会被吴老师在课堂中引导学生辩论的场面吸引：有的学生洋洋自得地表达着自己的见解，有的学生憋红了小脸进行着反驳，有的学生着急地利用学具演示，还有的学生辩论到一半就"倒戈"了……再看吴老师，时而微笑着观战，时而积极地参与辩论，时而为士气低落的一方鼓气，时而招呼座位上的学生进行补充……多么生动的场面，多么有趣的数学课堂。看到吴老师的课堂中学生的精彩辩论后，老师们也都希望在自己的课堂中出现这样的场面，但往往在实施后并没有达到预期的效果，让我们听一听这些教师的困惑：

教师1：我很喜欢吴老师的课堂，特别是学生辩论的场面，但为什么在吴老师的课堂上学生辩论时，思维活跃、妙语连珠、现场气氛热烈，而在我的课堂上学生状态拘谨、表达能力差，达不到预期的效果呢？

教师2：我在调控学生的辩论场面时有些力不从心，有时控制不了场面，反而被学生牵着走。

教师3：我认为辩论能调动学生的积极性，但我总认为辩论中胜利的一方确实体验到了成功的快乐，但对失败一方是一种打击。

教师4：辩论时只是几个人在参与，其他学生参与不进来，只在一旁观看，怎样才能调动全体学生都参与辩论呢？

为什么吴老师能够对学生的辩论掌控得游刃有余呢？吴老师是如何在课堂中巧妙利用辩论激发学生思维，调动全体学生学习数学的积极性的呢？让我们一起来探索其中的奥秘吧。

## 1. 巧抓时机，引发辩论的需要

辩论是一种有效的教学方式，在课堂教学中，教师要因势利导，引导学生进行辩论，在辩论中促进学生主动学习、探讨，激发学生思维的火花，让学生在争辩中获得正确认识，深化对知识的理解。要想恰当地运用辩论这一教学方式，教师必须准确地判断哪些地方需要辩论，一定要抓住时机，使辩论在教学中恰到好处地展开。

### 《小数加减法》教学片段

在教学《小数加减法》时，计算 29.25＋16.3，出现了两种不同的做法，一场互动分享开始了。

师：看着算式，有什么想法要和大家交流？

生1：(吃惊地说)老师，我发现一个问题，①和②号作品都是计算同一本书的价钱，结果怎么不一样呢？

学生纷纷说①号做错了，①号作品的同学一脸茫然。

生2：我哪儿错了？不知道呀。

师：不急，谁也是和这名同学做法一样的？

有3名同学举手。

师：数学是要讲理的，你们正方得以理服人。我站在你们3个这边，是反方。现在开始辨一辨，论一论。

生3（正方）：①号这个竖式不对，十分位的3跑到百分位去了，你把16.3变成16.03了，空着的位置相当于"0"，起占位的作用。

生4（反方）：我不明白，以前学的加法，末位得对齐，今天小数加法我也末位对齐，怎么不对了？

师：生4有点委屈，对生3的解释他不认可。明明以前学的加法末位对齐，现在怎么就不行了，正方得回答他的问题，你俩要对接上。

生4使劲地点点头。

生5（正方）：我说，29.25的"5"在分位，16.3的"3"不在分位，不能加在一起。"5"的下边没数，怎么能是"8"？

生6（反方）：没听懂，说简单点。

生7（正方）：（不等生5回复，着急地说）生5说的是钱的事，就是你把16.3写成了16.03元，书价变便宜了，卖书的同意吗？

正方的同学纷纷举手要发言。

师：咱们正方先别着急，得把你们的想法表达清楚了。我先问问生5，生7和你说的是一回事吗？你同意他的意见吗？

生5：是一回事又不是一回事，就是……钱的事。

生4（反方）：你们自己都说不清，还是我的对。

师：会计算，有感觉，却说不清楚，这时先退回到你刚才的解释，弄明白！（吴老师对着生5说）我想问你一个问题，你说的"分位"是什么意思？

生8（正方）：（抢着回答）我明白他的意思，就是29.25元的"5"表示的是5分，16.3的"3"表示的是3角，5分和3角是不能加在一起的，既不得8角，也不得8分，什么都不是。

生6（反方）：噢，我明白了，它俩不是一家人。

师：（吃惊的语气）"它俩不是一家人"是什么意思？你要解释解释了。

生6（反方）：就是3角和5分不是一家人，一个是表示几个1角的，一个是表示几个1分的。角和角对齐，分和分对齐。

吴老师在①号算式上写上了"元、角、分",见右图。

师:(赞赏的语气)你还真了不起,发现它们不是一回事了!3角加5分就相当于是一人加一树,既不得2个人,也不得2棵树。

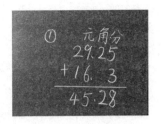

这是在学生学习新知识时遇到的困惑,吴老师顺势设计了一场辩论。在辩论中,同伴间倾听对方的想法,不断质疑,又接纳对方的想法,从而理解计算的道理。在解决问题中,帮助学生反思"数位、计数单位、小数点"之间的联系,体会只有小数点对齐,才能保证相同计数单位上的数对齐,从而认识到小数点对齐的必要性,加深对算理的理解,有利于他们归纳、总结出小数加、减法的一般计算方法,体现了数学的统一性。

在学生越辩越明、道理越辩越清之时,吴老师恰到好处的总结起到了四两拨千斤的作用,让激烈的辩论回归到理性的思考,回归到学习方法与收获上。最后,又通过开玩笑来激励学生,把辩论中的有利因素发挥到极致。

辩论是一种学生共同探讨、共同研究问题的好方式,教师要引导学生发表自己的意见,让持不同意见的学生展开辩论,从而引导学生探究真理,获得新知。在这种学习中,大家通过交流,既为群体提供自己的意见与见解,又分享他人的观点和认识,真正实现了"从独白的数学走向对话的数学"。

## 2. 巧妙点拨,把思维引向深入

教师是课堂教学活动的组织者、引导者、促进者。虽然课堂辩论的主体是学生,然而,教师恰当的组织和引导也是十分重要的。首先,教师要有正确的组织方式,分好正反方,主持好双方的辩论。其次,由于小学生的语言表达能力并不是很强,尤其是低年级学生很可能出现"口欲言而未能"的情况,因此,在辩论中,教师要给学生提供帮助,并在必要的时候对学生的观点进行转述,让对方以及场下的同学都听明白。当学生出现思维卡壳,或辩论陷入死胡同时，教师要找准"卡点"，准确引导，对学生进行巧妙的启发，使辩论顺利展开。

辩论开始之前，吴老师先给学生讨论的时间，让学生理清自己的思路，明确自己的观点，为辩论的开展奠定了基础。同时，吴老师还为学生准备了辩论的工具，如操作演示用的学具，这样学生在辩论中既可以用语言辩论，又可以借助直观形象的学具来帮助说明，也弥补了小学生在叙述过程中容易出现的语言障碍。看似随意的举动，其背后却是吴老师巧妙的设计。

在整个辩论过程中，吴老师一直关注着全体学生。在辩论开始前，她提醒学生要认真倾听，认真思考。当辩论一方受阻时，她不失时机地上前帮忙，或向其他同学发出"救援"信号，使辩论继续进行。当辩论双方争执不下的时候，吴老师又把问题抛向了第三个同学，使更多学生参与到辩论的过程中，成为辩论的主体。在辩论的最后，吴老师适时的评价为这场辩论画上了圆满的句号。

吴老师既给予学生充分的发言权，同时又做好学生的组织者、引导者、协助者。她适时地接上学生的话，或问或答，不断激发着提问方的热情，启发着被问方的思维。

### 3. 延伸拓展，使学生感受成功的喜悦

每一次辩论结束后，学生们像打了胜仗一样，脸上洋溢着幸福和快乐。这是深刻理解知识后的满怀成就感的快乐；是享受数学学习过程，享受高水平智力活动后的快乐；是合作交流后认同正确结果的心理满足的快乐……这种快乐将持久地激发学生爱数学的热情，培养学生敢想、敢说、敢交流的学习习惯。

吴老师作为一个组织者，为学生创设了辩论的时机，搭建了展示智慧的舞台，她像一位优秀的导演，让每个学生尽其所能地展示自己的才华。这是对学生真正的尊重，是对生命的理解。

每一次课堂辩论结束后，吴老师都不失时机地做好小结和评价工作。吴老师说："每次辩论结束后，我都真诚地祝贺获胜者，'祝贺你们，你们不仅对数学知识把握得好，还能通过巧妙的提问，帮助同学一起学习。你们敏捷

的思维、善辩的口才给大家留下了深刻的印象'。同时,我没有忘记暂时败下阵来的同学,同样真诚地握着他们的手说'谢谢你们',孩子们迷惑不解,'怎么错了还要感谢呢',我有意把声音提高了说,'是你们出了错,才给大家带来一次很有价值的讨论。在辩论中大家加深了对数学概念的理解,当然要感谢你们啦'。"一声"祝贺",使这些学生体会到被认可的快乐、被肯定的幸福,所有孩子的脸上都洋溢着成功的喜悦。

"它也不是长方体"

吴老师在引导学生认识长方体、正方体后,出示了一组对面是正方形的长方体(如图),提问:"这个物体是长方体,还是正方体?请根据特征判断。"

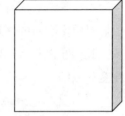

学生出示反馈牌,两种意见的人数各占约一半。

吴老师请双方各派出一名代表谈谈为什么这样判断。认为是长方体的同学为正方,认为是正方体的同学为反方。

正方:"我想问对方一个问题,正方体具有什么特征?"

反方:"正方体的6个面都是相等的正方形,12条棱的长度相等。"

正方:"请你们仔细看看这6个面都是相等的正方形吗?12条棱的长度相等吗?"

反方认真地看了看这个物体,自言自语道:"我看它很像正方体。"沉思了一会儿说:"你们的问话对我很有启发,这6个面不都是正方形,12条棱的长度也不相等,看来我判断错了。"

这时,反方的另一名同学突然站了出来,提出了一个谁也没有想到的问题:"这个物体不是正方体,也不是长方体。因为长方体的6个面都是长方形,而它有一组对面是正方形。"

刚刚平静的教室又沸腾起来:"对呀,这组对面是正方形,也不符合长方体的特征啊!"

吴老师认真地倾听同学们的辩论,不紧不慢地提示了一句:"还记得长方形与正方形之间的关系吗?"

同学们的思维又活跃起来:"正方形不就是特殊的长方形吗?""对,长方体可以有一组对面是正方形!""这个物体是长方体,它符合长方体的特征啊!"

由此,我们不仅体会到吴老师关注学生对知识的掌握,同时还重视对学生学习方法的指导。吴老师在评价中特别照顾学生的情感体验,尤其是对在辩论中处于"失败"方的同学,给予他们鼓励性、赏识性的评价,努力让学生爱上这种活跃而有益的学习方式,让他们乐于思考,勇于争辩,从而提高他们对数学学习的兴趣。

我们在课堂教学中围绕教学目标,引导学生进行追寻真理的辩论时,要注意什么呢?

**(1) 让学生敢说**

在辩论的过程中,教师要很好地把握辩论的特点以及学生的心理特点,积极构建民主、和谐的课堂,对学生发表的见解,尤其是独到的、标新立异的见解,即使不尽合理,也决不嘲笑、讽刺、批评,决不求全责备。学生在这样安全的环境里才敢说、愿意说,才能对辩论投入极大的热情,积极参与到辩论活动中,各抒己见,探新求异,课堂也才能因此变得更加精彩。

**(2) 让学生有的说**

小学生的辩论与成年人的不同,会受到年龄、思维水平、表达能力等诸多因素的限制。这就要求教师要选择既适合学生年龄特点又有思考价值的问题,问题的答案既不能显而易见、一目了然,又不能深奥难懂,超出孩子现有的能力水平,要将问题设置在合理的难度,使学生们体验"跳一跳能摘桃子"的快乐。

**(3) 让学生会说**

学生在辩论中都力图证明自己的观点是正确的,同时又要抓住对方观点的错误之处进行驳斥。这就需要学生在向别人转述、说明自己的观点时,理清自己的思维,这对于小学生来说是有一定难度的。教师要注意对学生语言表达的指导,使学生能把话说得有条有理,把自己的观点表达得清楚明白。

学生在辩论时，可以采用陈述句、疑问句、感叹句等多种句型进行表述，为了增强表达效果，可以应用"既然……就……""因为……所以……""可是……"等关联词，这样才能为成功的辩论打下基础。

(4) 让学生爱说

学生在辩论中有时说着说着就无话可说了，有时被对方问得哑口无言、不知所措，有时说着说着就跑题了……这时教师要及时地进行调控，加以点拨和引导，使辩论能向预期的目标靠近。教师还要关注其他不参与辩论的同学，使大家的思维能随着辩论的展开而深入。此外，教师要善于运用评价手段，调动学生辩论的积极性。

## 三、促进学生在冲突中理解

学生思维是否活跃和活跃到何种程度，是评价一堂课成功与否的重要标尺。因此，教师必须善于点燃学生思维的火花。亚里士多德说："思维自疑问和惊奇开始。"听吴老师的课，不仅是学生，就是听课老师，也会被她创造的一个个悬念所吸引，不自觉地投入思考。吴老师究竟是怎样创设课堂教学中的冲突，让学生的思维在跌宕中升华的呢？

1. 预设有思考价值的矛盾，引发冲突

制造冲突是吴老师课堂教学的特点之一。课堂上，孩子们时而紧锁双眉，沉默不语；时而各抒己见，热烈争论，完全沉浸在吴老师所创设的"美丽的陷阱"之中。孩子眼里的吴老师就像魔术师，把枯燥的数学课变得妙趣横生，孩子们希望数学课时间长一点，再长一点……在吴老师的引领下，孩子们快乐地踏上了探求知识之旅，享受着数学学习的奇妙与快乐。

我们被"骗"了

学习循环小数知识时，吴老师有意识地做了如下设计：请同学们自愿选择一题计算，比一比谁算得又对又快。

$1 \div 7 =$            $325 \div 25 =$

很多同学毫不犹豫地选择了第一题。选择第二题的同学早早得出了结果，选择第一题的同学仍然认真地演算着，吴老师则不动声色地在一边观望。

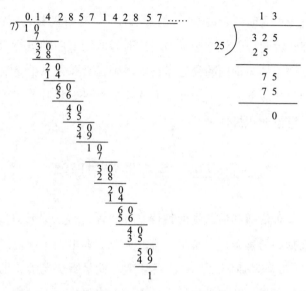

同学们开始交头接耳地议论起来。"我发现再接着往下算商一定还是142857。""我发现商的这几位小数是按照一定的顺序反复出现的。"循环小数的规律在同学们的亲自动手实践中被发现了。一张张愉快的笑脸，一双双兴奋的眼睛，同学们的思维正处在兴奋之中。"$2 \div 7 = ?$""$3 \div 7 = ?$"……疑问和好奇又一次激起了同学们积极主动地探求，最后终于发现了这样一组循环小数的规律。

$1 \div 7 = 0.\dot{1}4285\dot{7}$

$2 \div 7 = 0.\dot{2}8571\dot{4}$

$3 \div 7 = 0.\dot{4}2857\dot{1}$

$4 \div 7 = 0.\dot{5}7142\dot{8}$

$5 \div 7 = 0.\dot{7}1428\dot{5}$

$$6 \div 7 = 0.857142$$
……

　　本来一节枯燥的数学课，由于吴老师巧妙地创设了学生原有的知识经验和所学新知识之间的矛盾，使学生经历了兴奋——在比赛中感受智力活动的乐趣；疑惑——我选择了数字小的除法，为什么总也除不完呢；探索——接着往下除，我一定要继续试一试；发现——原来这样除下去，永远除不完啊！（感悟循环小数）……这样的引入不仅激发了学生的学习兴趣，对他们掌握新知识也起到了促进作用。

　　吴老师在"新知引入""知识迁移""自主探索""解决问题"等环节巧妙地创设冲突，适时地激起学生思维的涟漪，使学生经历从不解到清晰的过程，在知识不断明朗化的过程中，学生的思维也在碰撞中提升。

## 2. 鼓励学生质疑问难，展露冲突

　　吴老师的课堂就像一个大舞台，每个同学都可以上台表演，都可以成为主角。教学过程跌宕起伏，忽而满目荆棘，紧张得令人透不过气来；忽而曲径通幽，豁然开朗，让人置身于"柳暗花明又一村"的境界。

### 《商不变的性质》教学片段

　　在学生初步总结出规律后，吴老师抛出了问题。

　　师：这个性质对所有的除法算式都适用吗？你们有没有对其他算式进行过验算呢？（同学们心领神会，拿起笔，用不同的算式开始了验证。）

　　生：在 $8 \div 4 = 2$，$16 \div 8 = 2$，$80 \div 40 = 2$，$800 \div 400 = 2$ 中也发现了相同的规律。以第 1 题为标准，后面 3 道题的被除数和除数分别乘 2、乘 10、乘 100，商不变；以第 4 题为标准，前面 3 道题的被除数和除数分别除以 10、除以 50、除以 100，商也没变。

　　教师将这组题板书在黑板上，还有同学举出了不同的例子，也验证了这个规律。

生：老师，我有一个问题，8÷4=2 与 12÷6=2 这两道题之间符合这个规律吗？两道题的商没变，被除数和除数是怎么变化的呢？

师：问题提得好，谁能来帮忙解释？（她充满信任的目光注视着班里的每一个人，也鼓舞着班里的每一个人。）

生：我觉得符合这个规律，被除数和除数都同时乘一个相同的数，只不过不是整数倍。

师：你能说说是多少倍吗？

生：是一倍半吗？

师：对了，就是一倍半。你真聪明，看到了被除数和除数同时乘1.5，这道题同样符合这个规律。在今后的学习中，我们会接触到这个问题，那时就会更加理解了。

这时一个男同学高高地举起了手，急切地说："我还发现一个问题，在我们刚才总结的规律中，我认为要把'0'除去，这样才严密。"

师：同意他的说法吗？

同学们不由自主地为他鼓起掌来。

在这个案例中，面对学生的质疑，吴老师并没有亲自解释，而是引起同学之间的争论，让同学自己发现、探讨，自己来解决疑问，在这种不断提问、解答的过程中，学生对商不变的性质有了进一步理解。学生之间这种高水平的思维沟通，让他们体会到课堂是大家学习和探讨的天地，在这样的氛围里学习是愉快的、令人兴奋的。北京师范大学教育学院周玉仁教授这样评价这节课："课堂是生命交流的驿站，是思维碰撞的舞台。在这节课中，知识的获得是学生思维碰撞的结果，是学生智慧的结晶。"

3. 捕捉学生资源，共享冲突

在吴老师的眼中，学生是课堂教学中非常重要的资源。对于学生已有的知识经验、生活经验，学生的差异、精彩甚至错误等，吴老师都能及时捕捉其有价值的信息，或扩大，或重复，或淡化。在资源的共享中激活学生思维，激发学生深入思考，使学生在欣赏、接纳、认同他人的过程中反思自我，提升自我。

### "与众不同"的假设

吴老师在教学二年级《解决问题》时，出示了这样一幅画（如下图）：图上有3个跷跷板，每个跷跷板上有4个小朋友，又跑来7个小朋友。问题：跷跷板乐园一共有多少个小朋友？

吴老师在引导学生说完图意后，让学生试着自己解决问题，然后引导学生进行交流。

生：我用画线段图的方法帮助自己来理解。列式是12+7=19。

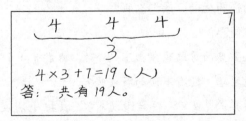

生：我是这样想的，3个4是12，再加上7个同学，一共是19人。

生：我利用画图的方法帮助理解，列式和他的一样。

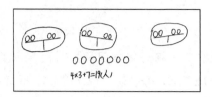

师：第一位同学直接用12加7，后两位同学用4×3来代替，这是为什么？4×3表示什么意思？

生：4×3表示每个跷跷板上有4个小朋友，求3个跷跷板上共有多少个小朋友，也就是求3个4是多少？

生：12在题目中没有，我们就得用4×3求出来，再进行计算。

师：虽然这三位同学的呈现方式不一样，但都能解决问题。还有不同的方法吗？

生：我列的算式是4×4+3=19（人）。

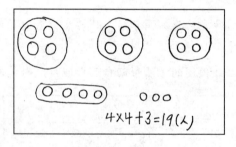

师：明明是3个4，你列的算式怎么是4×4，多出来的4是怎么来的？

生：我从7里面拿出一个4，就是4个4，再加上剩下的3。

师：你们认为他的方法怎么样？

生：非常简单。

师：他从7里面勇敢地拿出了一个4，凑成了4个4，为我们带来了一种新的解题思路。还有不同的解法吗？

生：我的算式是4×5-1=19（人）。我把小朋友4个4个地分成一组，假设还有一个人，就是5个4，最后再把假设的那个人减去，就是 19 人。

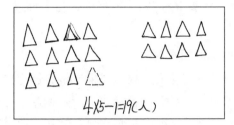

师：他用了一个什么词？是什么意思？

生：假设，就是假如的意思。

生：本来不存在，为了好算，把不存在的添上去，最后再去掉，这种方法特别有创造性。

师：我们来一起总结一下我们是如何解决这一问题的。

吴老师在提出"跷跷板乐园一共有多少个小朋友？"这一问题后，让学生观察图画，把自己的想法在纸上写出来，使学生的思维在聚合中开放，由此生成了不同思维层次的、各具特色的多种方法。整个过程共展示了五种有着不同思维层次的方法，在方法生成之后，吴老师重在引导学生进行方法的交流，使学生在差异中共享思考的结果。

吴老师通过让学生展示各自的解题方法来激活学生的思维，强调了对乘法意义的理解，强调了运算顺序，也凸显了评价对学生的激励、导向作用。我们在教学中应该如何利用冲突，提高课堂教学的实效，促进学生的学习呢？

（1）宽容地接纳冲突

在课堂中可能会发生意想不到的预设之外的冲突，有些冲突是老师需要的，有些冲突是老师不希望看到的。面对不同冲突，教师要以平常之心看待，要引导学生释疑，逐渐走向明朗。切忌置之不理或加以指责，打击学生自主探索的积极性，导致学生的思维随之禁锢，学习兴趣也随之减弱。

（2）巧妙地预设冲突

教师要巧妙地创设丰富多彩的教学形式，尤其要以数学知识本身的魅力和价值，提升学生学习数学的兴趣和信心。通过制造悬念、创设疑问等多种有趣的方式，唤起学生学习数学的好奇心和求知欲望，并为学生的学习营造探索与创新的氛围，为学生创造性思维品质和个性品质的培养创造宽松环境。

(3) **理智地选择和利用冲突**

对于课堂中生成的认知冲突，教师要根据情况进行选择，对理解知识有帮助的、能促进思维发展的冲突，教师要及时地抓住，并加以利用。对所学知识没有帮助的甚至是有干扰的，教师要进行淡化，或单独处理，使冲突更好地为课堂服务，为学生服务。对于可以利用的冲突，教师要采用重复、讨论、质疑等方式进行强化，以引起学生的重视。

智慧课堂是激发学生智慧的课堂，是教师运用智慧的课堂，是师生智慧共同成长的课堂，是师生共同经历生命历程、享受数学快乐的课堂。吴老师恰到好处地提问、适时地辩论、不失时机地激发冲突，一切都是那么自然、真实、简单，然而呈现给我们的却是平实中的丰富，平凡中的深刻，平淡中的惊喜。

（鲁静华　武维民）

# 4. 机智敏锐的灵动课堂

华东师范大学叶澜教授说,一个真实的课堂教学过程,是一个师生及多种因素间动态的、相互作用的推进过程。由于参加教育活动有诸多复杂的因素,因此教育过程的发展有多种可能性存在。教育过程的推进就是在多种可能性中做出选择,使新的状态不断生成,并影响下一步发展的过程。

吴老师在数学课堂上总是随时洞察学生的学习状况,巧妙地利用教学中的"随机"现象,把握课堂教学动态生成的切入点,灵活驾驭教学过程,为学生不可预约的精彩创设契机,让学生感受探索和发现的快乐,创造出机智敏锐的课堂。

## 一、预设灵动的学习资源

预设是生成的"基石",而有效地利用生成的资源,则是对预设的提升和超越。一节课中哪些生成性问题是资源,可以整合利用?哪些问题具有引发讨论的价值,需要放大?怎样给生成性资源以"着陆"之机?……教师要在短时间内做出理性的判断,机智地捕捉到那些稍纵即逝的思维火花,把师生互动的探索引向深入。

### 1. 预设的问题是学生想研究的

纵观吴老师执教的《估算》一课,教学过程简洁而又流畅,没有琐碎的环节,有的只是对学生的深切了解,对教材的整体把握,对问题精心、全面、有目的的预设。

### 《估算》教学片段

师：同学们，这节课我们继续来研究估算。关于估算，在学习过程中你碰到过什么困难，或者你还有什么问题，都可以提出来，今天我们一起来讨论好不好？

同学们思考片刻，开始提问。

生：为什么要学习估算呢？

生：估算有什么用处吗？

生：估算是什么人发明创造的？

生：有什么好的估算方法吗？

生：在什么情况下需要估算？什么情况下不需要估算？

吴老师从学生的问题开始，做到了教学时心中有数。接着师生一起从经验积累引入估算，在探究估算的方法中，体验估算方法的多样性，在问题解决中感悟、体验估算的价值。正是有了对教材的深刻研读，对学生的深入了解，吴老师才能够准确、清晰地找准学生认识新事物的思维衔接点，预设学生想要研究的问题。当学生带着这些问题来学习，而教师的教学设计又满足了学生的这些基本需要，教学必然是有"过程"的，师生必然都是有体验的、真正参与的。

### 2. 预设的困难是学生会遇到的

学生是未成年人，其知识储备、自我意识和行为自觉性都不完备，当他们在学习中遇到困难的时候，需要得到教师恰当的引导，但这种帮助应该是真诚的、平等的，而不是包办代替。学生也和成年人一样，具有被尊重、被关爱、求知、审美和自我价值追求的合理需要，他们的需要可以在战胜学习困难的经历中得到满足。这种"满足"积蓄起来，将逐步成为爱数学、爱学习的原动力。

### 《小数的意义》教学片段

在《小数的意义》一课中，学生利用直观模型进一步认识了小数的计数单位 0.1、0.01、0.001，理解了十进位值，体会了计数单位个数的累加就是数的本质。在课快要结束时，吴老师进行小结并提问，激发了学生的问题意识，从而使小数的本质和学习小数的价值进一步凸显。

师：还有问题吗？

生：小数到底有什么用？（孩子们继续问问题）

师：（顺势叫来两个小孩）你们多高？

生：我的身高是 1 米 4 多。

生：我的身高也是 1 米 4 多。

师：到底是 1 米 4 几呢？怎么能知道？

生：把 1 米长的线段平均分成 10 份，一份是 0.1 米，再把 0.1 米平均分成 10 份，1 份就是 0.01 米，这样就能知道 1 米 4 几了。

师：看来小数能让身高的测量变得更精准。（在黑板上贴出：精准表达）

紧接着吴老师出示了这样的例子：

2004 年 9 月 23 日国际田联横滨全明星赛 110 米栏比赛中，刘翔的成绩是 13 秒多，约翰逊的成绩也是 13 秒多。

生：刘翔的成绩和约翰逊的成绩都是 13 秒多，分不出胜负，到底是 13 秒多多少呢？

师：是呀，我们也有这样的疑问，接着看，看完后你有什么感受？

2004 年 9 月 23 日国际田联横滨全明星赛上，刘翔以 0.1 秒的优势战胜了老对手约翰逊（刘翔 13 秒 31，约翰逊 13 秒 41）。

生：都是 13 秒多，比不出冠、亚军，需要继续把 1 秒钟细分，也就是继续分，越分越小就会越精准，比赛时就会越公平。

师：是的，人们很聪明，为了更加精准地表达，就把原来的计数单位不断地细化，越细化就越精准。（在黑板上贴出：细化单位）

生：老师，在分单位时，会不会永远也分不完呢？

生：那就继续分、分……

通过不断激发儿童的问题意识，让问题引领思考，促使学生不断对小数深入思考，最终他们发自内心地提出"小数到底有什么用？"这种价值体现在小数产生的缘由，数系拓展的需求。这种需求正是数学发展的不竭动力。正是有了这样的需求，才促使人们不断思考一些最根本也是最上位的问题。所以，看似很随意的一个总结，却使学生在计数单位不断缩小（细分）的过程中，体会到小数的价值——能够精确地表达。对小数的探索并没有结束，而是在学习的基础上又产生了新的问题。正所谓：一切过往，皆为序章。一节课的结束，正是下一节课探索的开始。

只有精心预设方能迎来精彩的生成，只有对学生深刻的"读懂"，方能发现他们眼中的数学和数学之间的对接点，敏感地捕捉这些有价值的生成，并以此为基础引导学生在交流和思考中提升对数学本质的认识，形成数学方法、意识和思想。

3. 预设的目标是学生能达成的

在吴老师的课堂上，时时出现提问、设疑、辩论的学习场景，既有学生个体的独立探究，也有群体的合作交流。这种相互倾听、欣赏、补充、完善的学习氛围，给了学生全面发展的契机。

《解决问题》教学片段

1. 巧妙提出问题

吴老师将图中"猴哥哥摘了7个桃子"的文字擦掉，提出：如果猴哥哥不直接说摘了7个桃子，你猜它会怎样说？

生：弟弟啊，我摘的比你多3个。

师：哥哥摘了几个？（7个）

吴老师将"哥哥摘了7个桃子"改成"哥哥比弟弟多摘了3个"。

师：这些信息，又变成了一个新的问题，怎么解决呢？

## 2. 审题，读懂题意

整理数学信息后，吴老师在题目旁边用简笔画画了一个智慧人。

师：智慧人先看看前面，又看看后面，他都看到了什么？

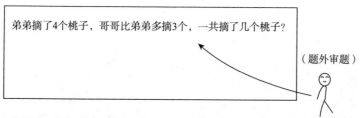

学生自己读懂了题意。

师：我们跟着智慧人经历了重要的第一步，先要站在题外边把题里的意思弄明白。

## 3. 做出解题计划

师：智慧人从题外边跳到题里面，开始了新的观察与思考。

师：智慧人先看看前面，又看看后面，你猜他会想些什么？（学生同桌交流）

生：弟弟摘了4个桃子，哥哥比弟弟多摘了3个桃子，就能知道哥哥摘了多少个桃子。

师：智慧人是这么想的。再看看后面的问题，你又想说什么？

生：要想知道一共有多少个，就必须知道弟弟有多少个，哥哥有多少个，然后把他们的合起来。

师：真好，要想求一共有多少，不仅要知道哥哥有几个，还得知道

4. 机智敏锐的灵动课堂 / 53

弟弟有几个。弟弟有几个？（生答4个）哥哥知道不知道？（生答不知道）怎么办呢？

吴老师继续追问：要想求哥哥有几个还得知道谁的？

随着学生的回答，黑板上出现：

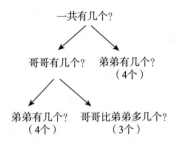

吴老师带领学生一起回顾整理解决问题的思路，她用小学生喜爱的拟人手法，以智慧人的形式，引导学生分析数学问题，使信息与问题的联系在自我思索中悄然而成，在解决问题中，感悟"分量＋分量＝总量"的数量关系。

吴老师的课堂是开放的，教学是生成的，预设与生成和谐融洽，因而课堂精彩不断，与众不同。总之，吴老师机智敏锐的灵动课堂是预设与生成的完美统一。

## 二、创造灵动的学习机遇

课堂是动态生成的过程，动态资源的形成往往产生于学生思维与新知识发生碰撞的一瞬间。教师要把握住这意外的生成资源，因势利导，有效地加以反馈和利用，并及时调整教学流程，构建和谐灵动的"生成性"教学。

吴老师认为，一名好的数学教师，首先是促进学生积极学习的组织者，引导学生朝着有意义的方向研究问题；其次是合作者，与学生平等交流，分享彼此的知识、智慧和思想；同时还必须是学生学习的指导者，有效地利用课堂中生成的资源，引导学生在观察、实验、猜测、验证、推理与交流的数学活动中，有机会真正经历"数学化"，感悟数学思想和方法，获得数学活动经验，增长智慧。

1. 宽容接纳

了解孩子的学习需求，是改善教学行为、设计课堂教学的重要出发点。好玩的数学、有魅力的数学一定是伴随着孩子千奇百怪的问题开始的，孩子们会在发现问题、提出问题的过程中亲自尝试解决问题。教师要满腔热情地保护好奇心这颗"火种"，小心翼翼地呵护学生的求知欲。

《角的度量》教学片段

学生认识了量角器后尝试测量角（如图1）。

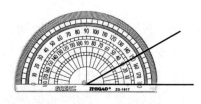

图1

生：这个角是30°。

生：不对，这个角是150°。

生：这里看是30°，那里看是150°，到底是多少度呢？

学生在议论，在争辩。

面对学生的问题，吴老师没有做出正面回答，她拿起了一个"加工"过的量角器教具（在中心点上系着两条红线绳），一条和里圈刻度线重合，固定不动，另一条绕中心点不断旋转30°、150°（如图2）。吴老师不断地改变绳子的引出方向，让学生观察、思考、交流。

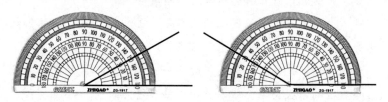

图2

当课堂上出现这样或那样的问题时，教师的处理方法直接影响着学生的学习进程。由于吴老师读懂了学生，知道课堂上的学生需要什么，于是她针对教学难点，巧妙地创造学具，让学生在学具的帮助下，阐述自己的观点，不断调整自己的认识，纠正认知偏差。

吴老师的课堂让我们体会到：一个有智慧的老师，应该善于为学生创设思维的冲突，引发学生深刻思考。课堂上经常会出现意想不到的情况，这些都是学生智慧的火花与创造的灵感。一个有智慧的老师，会抓住时机，进行渲染、挖掘，使这"无法预约的精彩"成为学生思维碰撞的又一个平台。

2. 理智筛选

课堂教学是千变万化的，再好的预设也不可能预见课堂上可能出现的所有情况。布卢姆说过："人们无法预料教学所产生的成果的全部范围。没有预料不到的成果，教学也就不成为一种艺术了。"

吴老师是怎样应对那些实属珍贵，却不期而至的课堂生成的呢？

### 《圆的周长》教学片段

在学习《圆的周长》一课时，吴老师让学生准备了学具，探究圆的周长与直径的关系。汇报时，多数小组汇报的是圆的周长÷直径，结果是3.1倍多一点；唯独有一个组是这样研究的：圆的周长加上直径的和除以直径，结果是4.1倍多一点。此时，作为教师不能置之不理，更不能一棒扼杀。这时需要教师机智地筛选思想生成。

探究圆的周长与直径的关系，在学生探究的基础上，得出是3.1倍多一点，再研究这种独特的结果是否有其合理性。

师：为什么我们大家研究的结果是3.1倍多一点，而他们组研究的是4.1倍多一点呢？

生：他们研究的条件和我们的不一样。他们研究的是圆周长加上直径后与直径的倍数关系，所以是4.1倍多一点。

生：我凭直觉认为这个结论是正确的。

生：我认为圆的周长÷直径是3.1倍多一点，而直径÷直径=1，所以他们组研究的是4.1倍多一点。

师：对，其实通过分析，他们小组研究的4.1倍多一点也是有道理的。这里面蕴含着变中求不变的思想，也就是透过现象看本质。

教学要达到目标，就要推动学生对话生成。这些"生成"除去教师教案中预想到的以外，还有一些"新生"的东西，如：或是出现了一些意想不到的问题，或是出现了一些意想不到的惊喜。作为教师，是沿着自己的预设轨道前行，对生成置之不理，还是宽容地接纳，是评价一个教师是否是一个组织者、引导者、合作者的关键。

著名小学数学教学评论家宋淑持曾这样评价吴正宪老师的课："她不仅仅是用理智上课，同时投入了情感。她的喜爱、兴趣、同情和幽默，让学生受到感染，产生了情感的共鸣。师生的双边活动，形成了以情促知、以知增情、情知交融，达到了认知与情感的和谐统一。这种情感交流和共鸣是教学活动化平淡为神奇的催化剂，使干巴巴的数学课变得生动活泼、妙趣横生，平平淡淡的'白开水'变成了浓洌醇香的'茅台酒'。"

## 三、激发灵动的学习智慧

吴老师在教学中对细节的巧妙利用，常常孕伏着新观点、新思维的诞生。

### 1. 讨论中的心悦诚服

《用字母表示数量关系》教学片段

播放儿歌《数青蛙》之后，吴老师让学生自己想办法表示出更多的青蛙只数。

生：我写了10只青蛙10张嘴，20只眼睛40条腿。

老师还没说话，其他学生都举着手要发表意见。

生：老师，我比他表示的多。10000只青蛙10000张嘴，20000只眼睛 40000 条腿。

吴老师不动声色，调动学生的学习热情：10 只也好，10000 只也罢，都只能表示一种情况啊！

生：（若有所思）$n$ 只青蛙 $n$ 张嘴，$n$ 只眼睛 $n$ 条腿。

教室里热闹起来，同学们七嘴八舌：$n$ 是同样的字母，这样表示不符合逻辑，这不是出怪物了？

生：（跑到台前）我的不一样，比他（指前一位学生）表示得好。$a$ 只青蛙 $b$ 张嘴，$c$ 只眼睛 $d$ 条腿。

显然，这位同学想到了用 $a$、$b$、$c$、$d$ 四个不同的字母来表示 4 个不同的数。吴老师肯定了他，但又继续追问：当 $a$ 表示 5 的时候，$b$、$c$、$d$ 又表示什么？

学生解释，但却引发了同学们的质疑：你的这种表示只有你知道，你不给大家解释，我们就不清楚。

生：$a$ 只青蛙 $a$ 张嘴，$b$ 只眼睛 $c$ 条腿。

师：这位同学的想法表达出了青蛙的只数和嘴是相同的，眼睛和腿的条数是不同的，相比之下又有了进步，但还不能让别人一眼看出它们之间的关系。

教室里安静下来，没有同学再发言。

吴老师鼓励坐在角落里的一个小女生：跟大家分享你的表示方法好吗？

女生：5 只青蛙，$5 \times 1$ 张嘴，$5 \times 2$ 只眼睛，$5 \times 4$ 条腿。

教室里响起了掌声，终于找到了关系！小女生的眼中也放出光芒。

师：同学们，有遗憾吗？

生：虽然有了关系，却只表示了 5 只青蛙。

过了一会儿，几个同学竟同时起立：$a$ 只青蛙 $a$ 张嘴，$2a$ 只眼睛 $4a$ 条腿。

教室里又一次响起掌声……

吴老师用心、用情、小心翼翼地呵护那些可贵的、与众不同的、稍纵即逝的偶发性资源，真正发挥它们的价值，让课堂在动态生成中充满智慧与活力。

### 2. 碰撞中的情感交流

教学的过程是生命与生命的交往，心灵与心灵的对话，情感与情感的呼应，智慧与智慧的交流。吴老师的课堂互动性强，源于吴老师对生命的理解，对生命的呵护，对生命的尊重。

吴老师认为，当前儿童教育的生态遭到破坏，在很大程度上是缺乏以"爱"为标志的生命尊重。精神不能复制，思维不能克隆，智慧不能填充，只有在爱的光芒投射下的个性张扬和律动，才会有精神的挺拔，心智的生长，生命的成全。

《10 的认识》教学片段

在上《10 的认识》一课时，一位同学说 10 可以分成 3 和 6。同学都笑了，吴老师并没有斥责他，而是让他数一数小棒的根数。

生：有 9 根。

师：那么你再添上 1 根，行吗？

生：我把 1 根小棒放在 3 这堆，10 可以分成 4 和 6。

师：好极了！如果放在 6 那边呢？

生：（齐说）10 可以分成 3 和 7。

很快，其他同学的思维大门也被打开，9 可以分成 1 和 8，把 1 根放在 1 这边，10 可以分成 2 和 8；把 1 根放在 8 这边，10 可以分成 1 和 9。9 可以分成 2 和 7，把 1 根放在 2 这边，10 可以分成 3 和 7；把 1 根放在 7 这边，10 可以分成 2 和 8……

课堂上，这就是将未知转化成已知的方法，在这不同的分与合中，孩子们体会到了分解与组合的数学思想。是的，孩子眼中的世界的确有许多独到之处，他们的许多见解极富独创性，常令我们耳目一新。作为教师，我们有责任来保护这种独创性，多试着从学生的角度来思考问题，感受他们的思维过程，从而更容易理解他们奇妙的思想火花。在教学中，教师要机智地筛选生成，可以使教师和学生得到"双赢"。

教学过程就是学生暴露各种疑问、困难、错误和矛盾的过程。当学生出现错误时，吴老师以自己独有的教育敏感和智慧，点拨、引导学生，帮助学生解惑。

### 3. 评价中的智慧火花

在吴老师的课上，她总是能够发自内心地欣赏每一个孩子，看到每一个孩子的优点；她不但关注成功的孩子，更关注暂时失败的孩子，给予他们等待，让所有的孩子都扬起自信的风帆。

《估算》教学片段

师：（指着300×7）为什么不是300×6，而是300×7呢？明明是6个数，怎么变成7个300，有道理吗？

生：表面上看有6个数，但是我把每个数取走300后，剩余的凑在了一起，像28、46、77……凑合凑合又是一个300，这样大约是7个300了。

师：你为什么这样估？

生：我想，它一定比6个300更接近准确值吧！

教师带头鼓掌，掌声、笑声响起。

师：噢，把多余的数凑在一起，差不多又是1个300了，再乘7就是2100。在估算的过程中你凑一凑，调一调，因此整出了个与众不同的7个300。这个估法该叫什么啊？

生：凑估。

师：对于同一问题，我们一共找到了六种方法。看来，在估算中我们要学会选择合适的单位和方法。这个与众不同的方法还很重要啊。

"凑估"两个字跃然出现在黑板上，教师用红色的粉笔在该算式旁边画了个"☆"。

在交流估算方法时，一个学生的想法与众不同，吴老师立即给予积极的评价，充分肯定学生的创造性思维。吴老师还带头给这个学生鼓掌，用红色的粉笔在"300×7"旁边画"☆",这是评价的导向,用特别的方式鼓励想出"300×7"的同学,点燃学生创造性思维的火花。

一节具有生命力的课堂总是在动态中生成的。学生是灵动的生命体,他们虽然稚嫩,但是却敏感、睿智,有丰富独特的视角,有色彩斑斓的思维之路,可以营造千变万化的数学课堂。

感受着吴老师机智敏锐的灵动课堂,不禁让人联想到了席慕容《雨后》中的"生命其实也可以是一首诗"。吴老师的课堂就是一首生命的诗,所有置身于课堂的人,共同经历了40分钟,虽然不同的人有着不同的理解与感受,但是这些感受中都包含了吴老师的教育理念:注重学生创新精神的培养和健全人格的发展,使传授知识、启迪智慧、完善人格三者有机地结合,创造孩子们喜欢的数学课堂。

(许淑一 陈凤伟)

# 5. 纵横联通的简洁课堂

纵横联通的简洁课堂是吴正宪老师几十年来不懈追求的理想课堂境界之一。吴老师以辩证唯物主义的哲学视角审视数学教学，不但通过重新组建的知识体系让学生学习系统化、结构化的数学知识，努力将教材的知识结构转化为学生的认知结构，而且努力探寻知识间的内在联系以及蕴含其中的方法论因素，适时地引导学生沟通知识间的内在联系，让学生将发展变化中的数学知识连成知识链、形成知识网，构建脉络清晰的、立体的知识模块，在不断完善学生的认知结构的同时，让学生获得认识事物的普遍方法。

沿着吴老师教学发展的足迹，通过对她的"小学数学归纳组合法实验"的重新解读，以及对她的充满哲学思想的课堂的赏析，我们一同来感受吴老师纵横联通的简洁课堂，感悟吴老师促进生命成长的理念给儿童可持续发展带来的后劲。

## 一、在沟通中构建联系

早在 20 世纪 80 年代初期，吴老师就在"小学数学归纳组合法实验"中，打破原有教材的编排体系，根据知识的内在联系，把小学数学教材第九至十二册的内容进行重新调整和组合，整合成六大知识体系，简称"六条龙"。"六条龙"的教学使数学知识结构化、系统化，将教材的知识结构转化为学生的认知结构。

在单元教学结束后，她引导学生构建一个个纵横联通的知识网络，使数学知识变得脉络清晰，简单明了，从而将一个个零散的、孤立的知识纳入学生原有的认知结构中去；在课时教学层面，她努力挖掘知识间的内在联系，使学生学习发展变化的数学知识，感悟辩证唯物主义的思想方法。在这样的课堂上，学生不仅不断地在完善认知结构，同时还学会了聪明地学数学、变通地学数学。

1. 给学生栽种一棵棵知识树——知识中有结构

吴老师说："教师心中有树，教学才有术。"这里的"树"是知识树，是吴老师对小学数学教材的整体理解与把握。在课堂教学实践中，由于一些老师缺乏对教材整体把握的意识，缺少对教材知识体系以及学生认知结构形成的关注，我们经常看到一些"只见树木不见森林"的现象。整体把握教材是个老生常谈的话题，但是切实做到也不是一件容易的事情。

下面是吴老师为"数的运算"这部分教学内容绘制的"知识树"：

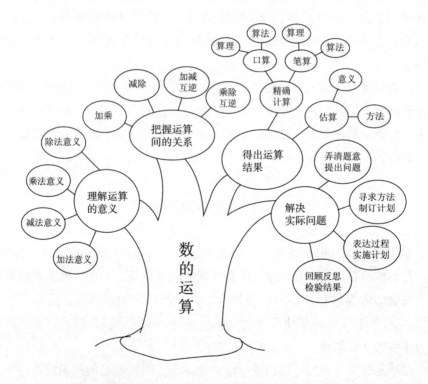

这样一棵"知识树"把教材中前后有联系的知识沟通起来，让学生的思

维在新旧知识的连接点上展开，使学生在观察、转化、推导中获得条理化、系统化、整体化的知识。

"六条龙"教学，突出了核心知识的中心作用，可以牵一发而动全身。这种结构是通理通法的。在对比中，学生认识到知识间具有共通性，也有差异性。数学是求通的，数学的本质是探索关系，即数学强调联系、探索规律。

"六条龙"教学，突出了学生的学习是系统的、结构化的。通过这样的学习，学生建立了整个小学数学中有关形体知识的认知结构，感悟到"数学知识本身有着它自身的规律，繁杂的数学知识中有它独特的结构"。这便是数学知识结构的整体美，是整体的观点，联系的观点，发展的观点，变化的观点。

"六条龙"教学，使小学丰富、庞杂的数学知识变得简单。学生在"简单"中经历了观察、操作、猜想、验证、交流的数学学习过程，在"简单"中体验了数学知识的本质和知识之间的内在联系与规律，在"简单"中感悟了转化、比较等数学思想方法。

"六条龙"教学，使吴老师"传授知识、启迪智慧、完善人格"的教学理念得到充分的落实，为学生的数学学习注入了可持续发展的后劲，儿童犹如在一棵棵知识树下享受着数学的绿荫！

### 2. 帮学生构建一个个网络图——知识间有联系

"数学知识是一幅立体的、有主有从的、活动的、延伸的、浩散的、丰富多彩的美丽图画。"吴老师曾经这样对学生说，"我们每人手里托着一个盘子，每次获得了一个新知识，盘子里就多了一颗珍珠，知识获得的越多，珍珠的数量就会相应增加。如果不学会整理，把它放在盘子里就如同一盘散沙，没有太大的价值。只有把这些珍珠按照颜色、形状穿成美丽的项链，才会价值连城"。因此，学习每到一个阶段，吴老师都要求学生把学习过的数学知识在脑海中像过电影似的回忆一遍，同时舍得花时间上复习整理课，让孩子们用自己的知识经验进行建构，把孤立静止的数学知识联系起来，让孩子们体会"经过整理，丰富、庞杂的数学知识如同用一条彩带编织的五彩缤纷的数学世界，在编织的同时，又甩出无数条彩带，无论提起哪一条又能继续编织"。

"数的整除"这部分内容是分数教学的基础和铺垫，它是小学数学教材中概念最集中的一个单元，被老师们形象地誉为"小学数学教学的文言文"。教材是按照对立统一的观点来处理的，编排严密。在教学实践中老师们发现，尽管学生学习时是按照概念之间的内在联系分节成组有序学习的，但是，学完本单元大大小小十几个名称相近、意义易混的概念之后，的确有不少学生感觉乱套了。在教学中，吴老师除了为本单元专门构建了"一条龙"，把易混的概念、方法放在一起教学以外，在单元教学结束后，还帮助学生构建知识网络，让学生抓对立、清异同、悟联系。

### "数的整除"复习课教学片段

上课前，吴老师将"数的整除"单元出现的十几个重要概念写在一张张纸条上，并把纸条零零散散地贴在黑板上。

第一小组的学生从字面意思理解，整理出一组不关联的概念。

师：（带着思考的表情、疑惑的语气问）为什么把质数、质因数、互质数、分解质因数这四个概念放在一组呢？

生：（理直气壮地）因为这四个数中都有质数这两个字。

师：（面向全班，加重语气）他们说因为这里面都有质数，所以有联系，是这意思吗？

生：（迫不及待地脱口而出）我不同意，找数学概念之间的联系不能仅从字的表面理解！

吴老师频频点头，同学们若有所悟。

师：这位同学不同意这样的分法，有道理吗？

同学们纷纷议论着，教师不露声色，让讨论继续进行。

当学生出现了不完整的构建、片面的认识时，吴老师并不急于否定，而是适时"退下来"，让其他学生发表不同意见，产生交锋，再巧妙地引导学生展开辩论，耐心等待，"该出手时就出手"。

由于学生没有完全唤起已有知识，只想到整除下面的一个概念——"因数"以及由此派生的概念，吴老师根据现场的情况，改变了教学预设，抛出了一个根本性的问题。

师：什么叫整除？能举个例子来说明吗？

学生依然沿着因数的思路说下去。

师：（不紧不慢地）这位同学说当6能被3整除的时候，3就是6的因数，没错，3是6的因数，还可以……（有意放慢语速，给足学生回忆的时间。）

生：（抢答）6是3的倍数。

师：（轻轻地抚摸着那个男孩的头，一字一顿地）看来在整除的前提下，会自然地产生一对概念。（继续等待学生）

生：（霍地站起来，有些急促地）每一个整除都会产生一组因数和倍数，他们只找了因数，倍数也应该有联系。

众学生若有所思，频频点头。

师：（欣喜地）好，请你根据刚才的讨论把这组概念整理在黑板上。

该学生一边说着，一边在黑板上选择相关的概念组合在一起。首先找倍数，然后是公倍数，最后是最小公倍数。

师：（加重了语气）这个同学的思考更深入了一步。他发现在整除的前提下，就会有一对概念产生，一个叫作因数，一个叫作倍数。

此时，黑板上已经出现两组学生整理的结果：

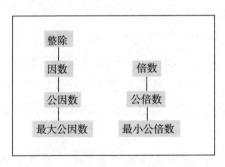

师：（望着黑板，看似自言自语）这个整除到底是管谁的？刚才那位同学说是管因数这一组的。

生：（抢答）不对！应该两个都管。

师：管谁？

生：（纷纷抢答）既管因数，也管倍数。只要能整除，就会有因数和倍数。

师：（提高音调）太好了，看来整除得一手托两家啊！（做出一手托两家的动作）怎样才能表现出它们之间的联系？

生：（异口同声，急切地）中间！放在中间！

此时，黑板上的整理如下：

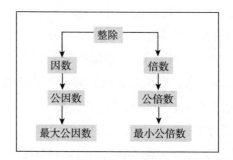

学生的学习已渐入佳境。吴老师用欣赏的目光看着同学们整理的结果，发自内心地赞扬道："太妙了！这么一整理，就越来越清晰了。我们清楚地看到，在整除的前提下，产生了一对重要的概念——因数和倍数，以及由因数和倍数各自引出的一串概念。"

随着讨论的步步深入，学生将整除、因数、倍数这一组相关联的概念建立起了联系。此时，学生对数学概念的认识不再是孤立的。

当学生通过自己的独立思考，与同学的交流、辩论，将散落在黑板上的十几个概念根据它们之间的内在联系连成线，编成网，形成纵横交错的网络图时，吴老师又带领孩子们欣赏自己的劳动成果，进行画龙点睛的点拨。

师：同学们，"书越读越薄"就是这个道理。过去我们零零散散地学习了这么多概念（加重语气，指着黑板），经过"摸象—说象—成象—抽象"这样的学习过程，我们把它们整理成一个比较系统的有关数的整除的概念网络图！（提高语调，再次指着黑板。）

接着，吴老师又引领学生回忆整个学习过程，体会"新盲人摸象"的故事。学生有所思，亦有所悟。

在这节"数的整除"概念复习课上，吴老师把归纳整理的主动权还给了学生，让学生经历了梳理、自主建构知识网络的过程，最大限度地发挥了学生的创造性。吴老师引导着孩子们唤起记忆，构建联系，合作交流。"是这意思吗？""有道理吗？""能举个例子来说明吗？"吴老师耐心的追问，把学生引向了更深刻的思考，更激烈的辩论，更深层次的辨析，更清晰的结果。

随着吴老师一次次的追问，一次次适时的引导，随着学生一次次的思维碰撞，学生记忆中的那些孤立的、分散的、无序的、认识模糊的概念，以再现、整理、归纳等办法，串成了线，连成了片，结成了网，纵横沟通，形成了条理化、系统化的知识网络。

就这样，孩子们经历了由模糊到清晰、由疑惑到顿悟、由割裂到联系、由片面到全面、由感性到理性的认识过程，从整体上理解和掌握了知识之间的内在联系，感受了数学知识的逻辑性和系统性，实现了"知识在建构中增值，思维在交流中碰撞，情感在活动中融通"。

3. 引学生看一个个数学现象——数学里有方法论

在吴老师的课堂上，我们看到纵横联通的网络、错综复杂的联系、安全的交流环境，以及学生火热的思考、理性的质疑和释疑……知识慢慢地连点成线，连线成网，学生慢慢地品味出联系，品味出简洁，品味出兴趣，孩子们完全被吴老师纵横联通的美妙课堂所吸引。这样的课堂也让我们感受到：纵横联通是一种气势磅礴的壮美！简洁是一种展现本质的精美！

从吴老师的一节节课、一个个教案中，我们看到吴老师以唯物辩证法为指导，在构建知识网络的过程中，挖掘教材中的辩证唯物主义思想教育因素，并据此确定教学目标，在课堂上有效实施，引导学生从一个个数学现象中感受数学里的方法论。

## 《成正比的量》教学片段

以表格的形式呈现问题。

购买钢笔数量和所付钱数如下表：

| 数量（支） | 0 | 1 | 2 | 3 | 4 | 5 | … |
|---|---|---|---|---|---|---|---|
| 钱数（元） | 0 | 5 | 10 | 15 | 20 | 25 | … |

师：你有什么发现？

生：我发现，买的钢笔数量越多，付的钱也就越多。

师：对，付的钱数随着钢笔支数的变化而变化。

生：我发现所花钱数是购买钢笔数量的5倍，这样，一支钢笔的价钱是5元。

师：这位同学在变化中又看到了不变，不变的是什么？

生：（齐）单价。

师：购买钢笔数量和所付钱数的关系除了可以用表格表示、用语言表示外，其实还可以用图表示。

老师发给每位同学一张印有坐标系的图纸，让学生根据刚才的交流绘制正比例函数图像。

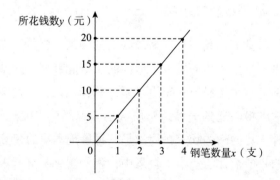

继续以表格方式呈现问题。

汽车行驶的时间和路程情况如下：

| 时间（小时） | 0 | 1 | 2 | 3 | 4 | … |
| --- | --- | --- | --- | --- | --- | --- |
| 路程（千米） | 0 | 80 | 160 | 240 | 320 | … |

有了前面的基础，学生很快找到了汽车行驶的时间和路程之间的关系，并在坐标系中画出图像。

师：我们接触了几组相关联的量，它们在变化中有什么相同之处？

生：两个相关联的量，一个量变化，另一个量随着变化。

这节课的核心环节从表格切入，列举出两种变化的数量在一定的情况下变化的数据，引导学生自觉地观察、分析、概括；紧紧围绕两种相关联的量之间的关系进行交流，由讨论表象到抽象概念，从而自己发现两种相关联的量，一个量的变化，引起另一个量的变化，变化是有规律的，两个量的比值不变。这就是正比例的意义。

这样的教学，通过具体实例，借助事物表象，数形结合，引导学生逐步了解数量之间的内在联系，发现相关联数量的变化规律，让学生通过了解数学知识产生、发展和演变的过程，感受客观事物是运动变化的，悄然无声地渗透了函数思想。

## 二、在联系中感悟方法

教学的主要任务不是教给学生多少知识，而是通过精心组织的知识体系，帮助学生构建合理的知识结构。吴老师努力探寻知识之间的内在联系与其中蕴含的辩证唯物主义哲学思想，在不断地完善学生的认知结构的同时，让学生感悟数学知识之间、数学现象之间、某一个数学知识内部的各要素之间的联系，从而感悟事物之间是普遍联系的，获得更多的哲学思想。

### 1. 知识点之间的沟通——事物是普遍联系的

教育心理学研究表明：当教学遵循了知识本身的序列，由浅入深、由简单到复杂、循序渐进地进行时，学生便容易理解知识，掌握知识。当他们逐渐获得系统、合理的知识结构时，学习知识的求知欲也被激发起来，学习的积极性会日益高涨，从而形成学习的良性循环——越学越有趣，越学越有智慧。

吴老师尤其善于把握知识点之间的内在联系，帮助学生构建纵横联通的知识网络。

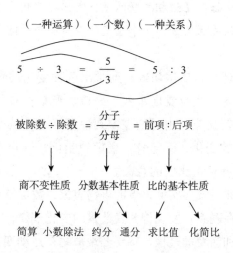

这是一个简洁的五行三列的板书，有知识的逻辑结构和概念的应用，让我们看懂了这节课的学习过程；有除法、分数、比三个概念间的关系，让我们看懂了吴老师引导学生沟通三者之间内在联系的过程。纵横交织，简简单单，明明白白！我们从中似乎看到了学生的顿悟，看到了学生的惊喜，看到了学生从这里开始的新的联想……

吴老师在《比的基本性质及应用》中确定了以下教学目标：沟通分数基本性质、比的基本性质、商不变的性质之间的内在联系，渗透事物是普遍联系的观点。根据教学目标，吴老师将"联系"作为桥梁，用"联系"统帅教学，让学生通过联系引发猜想，进而通过验证获得结论。

### 《比的基本性质及应用》教学片段

**1. 第一次沟通**

吴老师首先让学生举例说明比的意义。学生回答"两个数相除又叫作两个数的比",吴老师在黑板上写出"5÷3 = 5:3",接着追问:5÷3等于多少?怎样用分数表示?随着学生的回答,完善板书:$5÷3 = \frac{5}{3} =$ 5:3。当 $5÷3 = \frac{5}{3} =$ 5:3 这一关系式呈现在黑板上时,吴老师引导学生将其划分成"除法—分数—比"三个部分,得出一般关系式:被除数÷除数 $= \frac{分子}{分母} =$ 前项:后项。然后让学生观察比较三者之间的区别和联系,进而通过填写表格梳理三者之间的关系。

2. 第二次沟通

吴老师从除法商不变的性质、分数的基本性质引导学生猜测"比"是否也应该有"比值不变的性质"。于是,学生由关系式产开联想,继而产生了猜想,接着学生通过验证猜想,得到比的基本性质。之后,吴老师提问"学习比的基本性质有什么用途呢?",再次引发学生的思考:既然除法商不变的性质能够进行除法的简算、分数的基本性质能够化简分数,那么比的基本性质有什么类似之处呢?学生顺着"化简"这一思路展开联想,猜想比的基本性质也一定具备化简的功能,最后,学生在验证猜想的过程中,掌握了化简比的方法。

整节课紧紧围绕着联系来设计并组织教学,两次沟通引发了两次猜测和验证,最终得出了本节课的核心内容——比的基本性质和应用。学生从联系中学习建构新知,在联系中完善认知结构。这节课简洁明了,纵横联通!

下课前,吴老师进行小结:"通过今天对这些新知识的学习,同学们看到了事物总是普遍联系的,而不是孤立存在的。所以同学们要学会用普遍联系的观点看问题,这样,才能对事物有比较全面的认识。"辩证唯物主义的联系的观点和发展的观点就这样伴随着学生的知识学习过程,自然地、深深地印在学生的记忆里。

## 2. 数量之间的沟通——对立中有统一

对立统一规律是唯物辩证法的实质和核心。在小学数学中，充满着对立统一的内容，如加与减、乘与除、正比例与反比例等。我们可以从吴老师40年前的《加减法的意义及关系》一课的教学片段中来感悟她独具匠心的教学艺术。

首先，我们来看看她的板书。

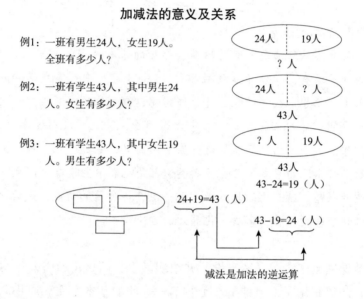

板书由问题到算式解答，由例题到加减法的意义，由一组例题里的数量关系到加减法的互逆关系，结构清楚，突出联系。加法与减法是整体与部分这一组数量关系中相互矛盾又相互依存的两个方面，既对立又统一。接下来，我们再来看看她的教学片段。

### 《加减法的意义及关系》教学片段

吴老师先让学生进行"一加带两减"的口算训练，唤起学生从一年级就开始学习的加法和减法，让学生体会加法和减法的意义，从感性上初步认识加法与减法之间是有联系的，为新课的学习做好铺垫。

师：你们做过许多加法、减法的题目，谁能说说什么叫加法？什么叫减法？加法和减法之间有什么关系？今天，我们就来研究研究。

吴老师出示题目：李红有3个白圆片，5个红圆片，李红一共有多少个圆片？

随着教师的叙述，学生亲自动手摆圆片，并列式：3＋5＝8（个）。学生边摆边叙述，在摆的过程中初步体会加法的意义，即加法就是把两个数合起来的运算。然后，吴老师让学生在操作中体会减法就是从两个数的和中减去一部分，求另一部分的运算。

面对3＋5＝8（个），8－3＝5（个），8－5＝3（个）三个算式，引导学生观察，回忆操作过程，组织小组讨论：通过以上三道题的动手操作和解答，对加法、减法有什么认识？加法和减法之间有什么联系？

在学生摆一摆的基础上，安排动手做一做的环节。

通过对一组应用题的解答（如，一班有男生24人，女生19人，一共有43人），让学生一步步加深对加法、减法的意义以及加减法之间关系的理解。

师：观察"一加两减"这一组算式，独立思考下面的问题：(1) 通过动手摆一摆、做一做的实践活动，你对加法的意义、减法的意义有了什么新的认识吗？根据你的认识说说什么叫加法，什么叫减法。(2) 通过对"一加两减"算式的观察，你发现加法与减法之间有什么联系吗？

学生经历了这样充分的操作、观察、思考、交流、归纳、概括的过程，理解了加减法的意义，体会了加减法的关系，体验了加中有减、减中有加、加减对立统一的过程。

最后，吴老师小结：今天这节课，同学们不仅学会了利用"合并"和"去掉"理解加减法的意义及其关系，初步理解算式表达的数量关系，在解决实际问题中看到了事物是相互联系的，加法与减法既是对立的，又是统一的。如果同学们今后看问题时，能够从不同角度观察，思考问题就会越来越全面，越来越深刻。

在学生经历了上述的认识过程后，吴老师的总结是那么自然亲切、水到渠成，起到了画龙点睛的效果。对立统一的方法论就这样悄然融进了学生的知识学习、经验积累的过程中。以后当他们学习约分和通分、正比例和反比例时，他们就会联想到加减互逆关系，体会对立之中的统一。

矛盾是客观存在的，而矛盾的对立面之间相互贯通、相互渗透、相互包含，有内在的同一性。吴老师抓住教材中这些对立中有统一的内容，用精心的设计、简洁的语言和清楚的板书，向学生揭示矛盾的双方你中有我，我中有你，每一方都包含和渗透着对方的因素和属性的深刻道理。

### 3. 数学现象之间的沟通——变中有不变

吴老师用纵横联通的简洁课堂向学生展现了知识的相互联系，进而引导学生学习科学的方法论，增长智慧。然而，面对无穷无尽的、不同的数学现象和缤纷错杂的数学问题，学生不仅要学会联系地、全面地看问题，更重要的是要学会如何透过现象看本质，掌握分析问题、解决问题的最根本的方法。《商不变的性质》一课就很好地体现了吴老师对"变中有不变""透过现象看本质"的理解与处理。

《商不变的性质》教学片段

**1. 故事设疑，激发兴趣**

吴老师微笑着走上讲台，亲切地对同学们说："小朋友们好！今天我给大家带来一个小故事，想听吗？"同学们异口同声："想！"

多媒体课件演示出一幅美丽的画面。

吴老师声情并茂地给同学们讲了起来："花果山风景秀丽，气候宜人，那里住着一群猴子。有一天，猴王给小猴分桃子。猴王说：'给你6个桃子，平均分给你们3只小猴吧。'小猴子听了，心想，我只能得到2个桃子，连连摇头说：'太少了，太少了。'猴王又说：'好吧，给你60个桃子，平均分给你们30只小猴，怎么样？'小猴子得寸进尺，挠挠头皮，试探地说：'大王，再多给点行不行啊？'猴王一拍桌子，显示出慷慨大度的样子：'那好吧，给你600个桃子，平均分给你们300只小猴，你总该满意了吧?'小猴子觉得占了大便宜，开心地笑了，猴王也笑了。谁的笑是聪明的一笑？为什么？"

一个小小的故事，一个小小的问题，激发了同学们极大的热情，大家争先恐后地回答："猴王的笑是聪明的一笑，按照这三种分法，每只小猴得到的都是2个桃子。"吴老师故意疑惑地问："你是怎么知道的？"一位同学迫不及待地说："6÷3=2，60÷30=2，600÷300=2。"吴老师转身将这三个算式板书在黑板上，赞扬道："小朋友们真聪明！"

吴老师接着提出问题："观察这三个算式，你发现了什么？"同学们纷纷举手发言："这三个除法算式的商都是2。""大家观察得很仔细，你还能编出几道商是2的除法算式吗？"同学们的积极性更高了，编出了不少算式：12÷6=2，24÷12=2，30÷15=2……

吴老师将其中一些算式写在黑板上。同学们发现可以编出无数道商是2的算式。"怎样编题，商总是2？你有什么窍门吗？"这个问题提出来后，吴老师并没有带着大家进行分析，而是要求同学们以小组合作的形式来共同研究其中的奥秘。她鼓励同学们认真观察，开动脑筋，一定可以找到奥秘所在。在吴老师的热情鼓励下，同学们开始了讨论。

### 2. 合作学习，教师指导

同学们热烈地讨论着，争辩着，教室里气氛热烈。吴老师在同学们中间一会儿听听这个小组的讨论，一会儿又听听那个组的发言，时而点点头，时而向同学们询问点什么，那神情俨然一个大朋友，一个好伙伴。

### 3. 小组汇报，各抒己见

大约10分钟后，吴老师组织大家以小组为单位进行汇报。

第一组先发言："拿60÷30=2来说吧，被除数60乘2，除数30也乘2，就得到了120÷60，商没变，还是2；被除数60除以3，除数30也除以3，就得到了20÷10，商跟原来比也没变，还是2。"

"我们也发现了这一点，"不等第一组说完，第二组抢着说："还是拿60÷30=2来说，被除数和除数都乘5，就得到了300÷150=2；被除数和除数都除以6，就得到了10÷5=2。被除数和除数变了，而商不变。"大家纷纷表示同意。

紧跟着，又有几个小组的同学也发表了相同的意见。吴老师根据大家的回答，在黑板上写出一些算式：

60÷30＝2
(60×2)÷(30×2)＝2
(60÷3)÷(30÷3)＝2
(60×5)÷(30×5)＝2
(60÷6)÷(30÷6)＝2

"同学们观察得很好，都是找到一道题并以此为标准，拿其他的题目与该题相比，看到了被除数和除数发生了这样的变化，而商不变。看来大家都同意这个观点，我把大家说的用算式表示出来，是这样吗？"

"对。"大家看着这些算式，不住地点头。吴老师说："对这些算式的排列，同学们有什么意见吗？"这时，一个扎着小辫儿的女生站起来说："我想给您提个意见，这些算式放在一起，太乱了，如果把这些算式重新排一下，看起来就更清楚了。""你来吧。"小姑娘走上讲台，在吴老师的帮助下，把这些算式分成了两栏：

(60×2)÷(30×2)＝2　　(60÷3)÷(30÷3)＝2
(60×5)÷(30×5)＝2　　(60÷6)÷(30÷6)＝2

"同学们，这个意见提得好不好？"吴老师看同学们直点头，紧跟着问："好在哪儿？""左边的算式都是被除数和除数乘一个相同的数，商没变；右边的算式都是被除数和除数除以一个相同的数，商没变。她把这些算式分成了两类，更清楚了。""既然这个意见好，我们就接受这个意见。谢谢你，小姑娘，你观察问题很有顺序。"几句肯定让小姑娘喜上眉梢。

"谁能把这些算式用比较简练的语言表达出来？"一位小队长勇敢地站起来："我说！我通过研究发现，在这几个算式里，被除数变大，除数跟着变大，商不变；被除数变小，除数也变小，商也不变。"

吴老师根据他的回答在黑板上写出"被除数变大（小），除数变大

(小)，商不变"，然后，她若有所思地看着黑板上的算式，自言自语："真的是这样吗？"吴老师半信半疑的神态，又一次使同学们陷入了沉思。急性子的同学干脆拿笔算起来。不一会儿，教室里已经"乱了套"。吴老师和同学们一起，从另一个角度试验着。"咦，怎么被除数和除数都同时加一个数，商就变了呢？"受到了邻组同学的启发，又一个组的同学做了"减去一个数"的验证，也发现了"被除数、除数同时减小，商也发生了变化"。

  终于，一位勇敢的女同学站了起来："我不同意小队长的意见。"听到她的反驳，教室里顿时安静下来。"加一个数，原数就变大，减一个数，原数就变小，可是商变了。应该说，如果被除数乘几，除数也乘几，商不变，或者说被除数除以几，除数也除以几，商也不变，这么说更准确。"同学们一个劲儿地点头。

  吴老师高兴地看着这位同学："小姑娘，你真棒，我欣赏你流利的表达，更佩服你的勇气，你敢于挑战对方提出不同的意见，很了不起。"吴老师紧紧地握住这位小姑娘的手。那位小队长正为刚才的莽撞发言而难过，低着头一言不发。吴老师走到他的身边，同样友好地握住这位小队长的手，另一只手拍拍他的肩，亲切地说："小伙子，你也很勇敢，正是有了你的发言，才给我们带来了一次深刻的思考，一次有意义的讨论，使我们大家对这个问题了解得更深刻了，谢谢你。"这时，教室里响起了友好的掌声。别小看这握手和几句简单的鼓励，它使师生之间的距离更近了，情感更融洽了，它使成功者体验到了成功的喜悦，也使那位小队长感受到自身的价值。精彩的争论，把课堂推向了高潮。

  吴老师接着刚才那位"勇敢者"的发言，进一步引导："在什么运算中，有这样的规律？谁能把同学们发现的这个规律再完整地叙述一遍？"

  有了刚才的交流，同学们更踊跃了，一位一直没发言的同学在吴老师的邀请下，站起来大声说："在除法里，被除数乘一个数，除数也乘这个数，商不变；被除数除以一个数，除数也除以这个数，商也不变。这个数不能为 0。"吴老师在黑板上板书。

在大家不断地补充、修改、完善下，同学们自己得出了"在除法里，被除数和除数同时乘或除以一个相同的数（0 除外），商不变"的性质。吴老师在大家发言的基础上，将板书逐步补充完整，由衷地赞叹道："同学们，你们真了不起，通过观察、思考和讨论，发现了这样一条很重要的规律，这就是商不变的性质。"

本质是事物的各个基本要素的内在联系，也是决定事物属性的根本性质。现象比本质丰富、生动，本质则比现象概括、深刻。数学学科本身就是一门抽象的学科，吴老师通过在课堂上让学生发现暗含着内在联系的一组组现象，带领学生通过抽象抓住本质，极大地提高了学生的去伪存真、化繁为简、透过现象看本质的能力。让学生通过抽象思维去认识数学现象的本质问题，不仅培养了学生的抽象思维能力，更让学生学会了更高层次的认识事物的方法。

吴老师之所以能够为儿童创造出这样的课堂，一方面源于她整体把握教材的意识和能力，而更重要的是她具有深厚的哲学积淀。"哲学"一词来源于古希腊文 phileosophia。它由 phileo（爱）和 sophia（智慧）两词组成，意思是爱智慧。古希腊把哲学家称为"智慧的朋友"。从字面上讲，哲学是给人智慧、使人聪明的学问。从实质上讲，哲学是世界观和方法论的学问。辩证唯物主义和历史唯物主义是科学的世界观和方法论。一个真正有哲学智慧的人，能够很快在复杂和多样性中删繁就简，以一驭万。

吴老师正是站在哲学的高度透视小学数学教学，运用小学数学知识及其教学过程培养学生科学的世界观和方法论。吴老师凭借她独有的智慧和深厚的哲学积淀，给学生创造了纵横联通的简洁课堂，并且抓住了数学教学的本质，抓住了学生学习数学的规律，让学生在结构化、系统化的学习过程中感悟联系，掌握规律，变得聪明、富有创造性！

（许淑一 鞠淑芳）

# 6. 以做启思的实践课堂

皮亚杰曾说过，动作是智慧的根源。通过动手操作，学生获得的不仅仅是知识与技能，也有透过现象发现本质的认识事物的方式，还有不怕失败、善于思考、勇于坚持的态度，更有因成功而带来的快乐感和满足感。

"在实践中体验，在体验中思考，在思考中感悟，在感悟中创造"是吴老师课堂的一大特色，细细品味之下，更能深切感受到吴老师的"儿童是发展中的人，儿童是有潜力的"这一教育理念。在课堂教学中，吴老师善于创设以数学思维为核心的脑力活动和动手操作活动有机结合的情境，引导学生在各种数学活动中积累经验，提升观察、试验、猜测、验证、推理及概括的能力。

只有"做"，才能获得真知，才能让猜想与假设转化为真理。学生的思维是在活动中发生的，并随着活动的深入而得到发展，孩子的双手因此"闪烁"出创造性的思维光芒，这就是吴老师"以做启思的课堂"。

## 一、在实践中体验

陶行知先生说："做是学的中心，也是教的中心；而做是指手脑并用。"如今"做数学"的理念已逐渐被广大教师接受，但在实际教学中，怎样"做"却让教师们困惑，因而出现不少因操作体验过多而忽视思维体验的现象。然而，吴老师所设计的课堂活动普普通通、实实在在，让学生从中体验到了学习的乐趣，并增长了智慧。

1. 体验中感悟数学的特点

在学习过程中，不仅要用大脑思考，而且要用眼睛去看，用耳朵去听，用嘴巴去说，用手去做，用心灵去感悟，这样才能逐渐走近数学，发现数学的特点。吴老师设计的课堂活动学生爱做、能做，而且一定能做好。

《梯形的面积》教学片段

吴老师带领学生复习几种平面图形面积计算公式及其推导过程之后，看到同学们掌握了长方形、正方形、平行四边形、三角形面积公式的计算方法，又学会了用割补法把新图形转化为已学过的旧图形，根据图形间的联系，推导新图形的面积公式的计算方法。然后提问：我们能否利用这些旧知识来解决求梯形面积的新问题呢？

学生开始利用手中学具，动手操作，然后小组讨论探求，出现了多种不同的推导方法。之后，各小组向全班汇报讨论结果。

甲组：我们小组用两个完全一样的梯形拼成了一个平行四边形。（学生边汇报，边实物演示。）

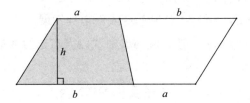

从图中可以看出，平行四边形的底相当于梯形的上底、下底的和，平行四边形的高相当于梯形的高。这个平行四边形的面积相当于两个完全相等的梯形面积的和。

因为平行四边形的面积＝底×高，所以梯形的面积＝（上底+下底）×高÷2。

甲组话音刚落，乙组一位同学迫不及待地站了起来，他有了不同的方法。

乙组：我们小组把一个梯形割补成一个三角形。（该生边说，小组其他成员帮助演示。）

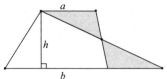

从图中可以看出，三角形的底相当于梯形的上底与下底的和，三角形的高相当于梯形的高，三角形的面积相当于梯形的面积。

因为三角形面积＝底×高÷2，所以梯形的面积＝（上底＋下底）×高÷2。

此时的课堂上小手纷纷举起来，同学们跃跃欲试。吴老师示意同学们先放下手，追问了两个问题，让同学们冷静思考："上底＋下底"表示什么意思？为什么要除以2？

学生们思考、回答后，又继续汇报了多种不同的推导方法，可谓精彩纷呈。

吴老师小结：同学们的推导方法各异，但万变不离其"根"，有的同学把梯形转化成平行四边形，有的同学把梯形转化成三角形，还有的同学把梯形转化成两个三角形，等等，这些转化都是把"陌生的图形"——梯形，转化成"熟悉的图形"，再根据各部分间的关系，推导出计算公式。

上面的课例中运用到的转化思想是"把遇到的新知识转变成能够解决的一种方法或学过的一种知识，通过这样的途径、策略，达到解决问题的目的"。课上给足学生操作、探索的空间，激发起学生的学习热情，在学生只顾急于表达自己想法时，教师适时引领学生进行理性思考："上底＋下底"表示什么意思？为什么要除以2？问题直指本节课转化思维的核心，学生在你一言我一语的汇报交流中，在深入思考后，逐渐领悟到解决问题的核心就是"转化"。

2. 体验中发现数学的规律

在数学学习中，有些知识是无法用真实场景来展示的，吴老师就运用模拟手法创造与实物相似的情境，依托学生喜闻乐见的游戏，巧妙地实现了学生生活经验与数学学习的对接，使学生顺利地完成由"日常数学"到"学校数学"的转变。

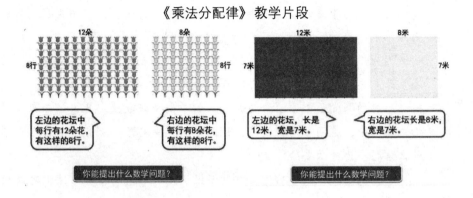

《乘法分配律》教学片段

师：你看到了什么？能提出什么数学问题？

把左、右两个花坛的花都覆盖了，你又看到了什么？能提出什么数学问题？

学生提了很多问题，为了研究方便，聚焦两个问题。

卡片出示："一共有多少朵花？""一共有多少平方米？"

（1）选择一个问题尝试解答，能列综合式的尽量列综合式。

师巡视指导，并选出方法不同的四名学生到前面板书如下：

问题1：$(12+8)×8=160$（朵）

$12×8+8×8=160$（朵）

问题2：$(12+8)×7=140$（平方米）

$12×7+8×7=140$（平方米）

（2）组织全班学习交流，从关注结果到关注关系。

$12×8+8×8$就是12个8与8个8之和，也就是20个8；$(12+8)$就是一行有20朵花，有这样的8行，20个8之和就是160。

$12×7+8×7$就是左边花坛的面积与右边花坛的面积之和；$(12+8)$就是新长方形的长，再乘7就是新长方形的面积。

结合乘法意义和直观图，解释每个算式的意义，感受两种方法结果相等，所以可以用等号连接。

板书：$(12+8)×8=12×8+8×8$
$(12+8)×7=12×7+8×7$

（3）解决贴瓷砖问题。

客厅的正面墙长3米，宽2米；侧面墙长2米，宽2米。两面墙都要贴瓷砖，一共贴瓷砖的面积是多少？

学生独立学习后，教师根据学生的板书，借助两张长方形、正方形纸做教具，组织学生交流学习情况，从而得出第三组算式：$(3+2)×2=3×2+2×2$。

（4）脱离情境，写具有这样关系的算式。

师：没有情境了，我们不求花的数量、不求面积了。你能够再写出一组这样的式子吗？

学生再次独立学习，教师指两名学生在黑板上完成，巡视指导有困难的学生。

学生板书如下：

$(3+5)×10=3×10+5×10$

$(21+9)×4=21×4+9×4$

师：这两组算式相等吗？

除了计算外，还能从乘法意义上看，左边是8个10，右边3个10加5个10也等于8个10，左边和右边相等，用"="连接。

（5）把"感觉"表达出来。

师追问：像这样的算式，如果让你们继续写下去，还能写吗？写得完吗？（学生感受到这样的算式永远写不完。）

师：这一类的问题有没有什么共同的规律？把这个共同的规律用你

自己的语言写出来。

学生开始试着用自己的语言表达出这节课一直藏在心里的"感觉",吴老师用心地寻找着一会儿交流研讨的学生作品。

吴正宪老师将学生的五种想法有序地呈现出来,精彩的交流又一次开始了。

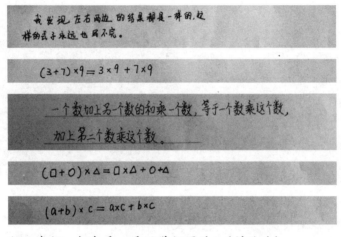

师:我们一起来看一看同学们写的。(讨论略)

在儿童不同的表示方法中,老师和同学一起分析每种写法的优点和局限。吴老师有层次地展示着"样本",由"窗外人""推开窗",再到"构建模型",最后"符号化"表达。每位儿童都能在黑板上找到自己的影子,儿童积极地参与到了讨论中,不断抽象出数学模型,感悟数学建模的过程。

数学是有规律的,需要学生去发现,发现的过程甚至超过规律本身的价值,这是"过程"与"结果"、"本"与"末"的关系。整个教学过程体现了让学生经历"问题情境—探索归纳—建立模型—解释应用"的基本过程,为学生的学习开辟了一个广阔的新天地。

## 二、在体验中思考

有人说:"真正的思维源于某种疑惑、迷乱或怀疑。思维的发生不是依据普遍的原则,而是由某种事物作为诱因而发生。"以动手操作诱发学生的数学思考是吴老师课堂教学的高明之举,她巧妙地把脑力活动和动手操作活动有机结合起来,引导学生在一个个数学活动中积极思考,积累经验,提升能力。

1. 思维在做中开启

以问题为突破口设计学习活动,提出引发儿童深度思考的问题,进而组织围绕关键问题的探究活动,感受小数是在"细化单位"中产生的,进而理解小数的意义。

### 《小数的意义》教学片段

三年级已经初步认识了一位小数,在此基础上提出问题,阴影部分用什么数表示?(图1)

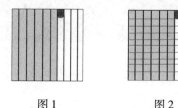

图1　　　　图2

生:把1平均分成10份,其中的一份是1条,就是$\frac{1}{10}$,也就是0.1;6条是0.6。可是图中又多画这一点点该怎么表示呢?

生:我觉得把这一条再平均分成10份,每一小格也是一份,就是0.01。

师:根据0.1表示十分之一,你可以想到0.01表示什么意思吗?

生:(齐)好像应该是$\frac{1}{100}$。

师:正确。怎么能让我们大家一眼能看出来是$\frac{1}{100}$(0.01)呢?

生:我可以画出来,就是把1平均分成100份(图2),每份就是$\frac{1}{100}$,也就是1个小格是0.01。阴影部分有61个小格,就是0.61。

生：我觉得1条就是10个小格，10个0.01就是0.1；2条就是20个0.01，3条就是30个0.01。以此类推，6条就是60个0.01，再加上1个0.01就是0.61。

师：你们真会思考。为了准确表示阴影部分，我们通过对"1"进行细分，产生了比1小的数。把"1"平均分成10份，就得到了一位小数，表示十分之几；平均分成100份，就得到了两位小数，表示百分之几；我们接着涂1个小格是多少？2个小格呢？

生：接着涂1个小格是0.62，接着再涂1个小格是0.63……再涂一个小格是0.66。

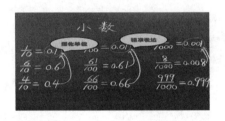

师：你们特别会想象，这个0.66中的两个"6"，写法一样，意义一样吗？

生：第一个"6"表示6条，是6个0.1；第二个"6"表示6个小格，是6个0.01。6个0.1和6个0.01组成的数是0.66。

师：0.66这个小数，让我想到了我们在学习11~20各数的认识时，学到的"11"这个数。你们还记得吗？

生：一捆小棒和1根小棒可以用11表示；在计数器上，十位上拨一个珠子就是1个十，个位上拨一个珠子就是1个1，合起来就是11。

师：你真会联想。学习就需要不断建构知识间的内在联系。小数的学习和整数一样，都利用了十进制计数法帮助我们记录和表达。

在认识小数的过程中，感受"细分单位"就是小数的本质，体会小数就是表示十分之几、百分之几等的数。接下来用面积模型、米制系统模型、正方体木块等实物帮助儿童进一步理解两位小数、三位小数的意义，并在对比勾连中找到一位小数的关键数就是 0.1，两位小数的关键数就是 0.01，三位小数的关键数就是 0.001……体会一位小数是"1"的细化，又是"0.1"的累加；两位小数既是"0.1"的细化，又是"0.01"的累加；三位小数、四位小数……以此类推。

在课堂教学中，吴老师为什么总能巧妙地抓住时机，敏锐地将学生的思维随着活动的不断深入而引向对数学本质的思考呢？一句话，还是源于吴老师对学生的了解，对数学课堂的了解。吴老师知道学生需要尝试体验的过程，需要阐述自己的观点，需要展示自己的才能。作为老师，我们要让学生经历"发现问题—解决问题—体验成功"的学习过程。

2. 疑惑在做中释解

吴老师善于把课本中的知识转化成一个个与学生已有知识密切相关又是学生感兴趣的活动，以此唤起学生的求知欲望，激发他们的探索热情，从而使教学既高效又有趣。

吴老师设计的数学课堂活动是有趣的，展现在学生面前的总是一种具有吸引力的新奇情景，这种"新奇"抓住了学生的心，使他们迫不及待地想接近和走进数学。

《三角形的认识》教学片段

师：下面的三角形各露出了一个角，你能猜出它们各是什么三角形吗？

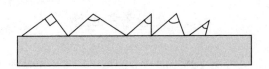

生：（试探性地回答）只露出一个直角，它是直角三角形。

当吴老师从口袋中取出这个三角形纸片时，同学们不约而同地喊了起来："耶，猜对了！"

生：只露出一个钝角，它一定是钝角三角形。

看到吴老师从口袋中取出这个三角形纸片时，"又猜对啦！"同学们沸腾起来。

生：(胸有成竹地说)只露出一个锐角，它一定是锐角三角形。

吴老师追问："肯定吗？"同学们都陷入了沉思。过了一会儿，有人忍不住喊道："不一定。"

吴老师又追问："为什么？"学生七嘴八舌地解释："有一个锐角，不能保证其他两个角也都是锐角。"

当吴老师把只露出一个锐角的直角三角形纸片高高举起的时候，教室里安静了。

吴老师继续追问："为什么有一个直角或一个钝角时就能说它是什么三角形？"

生：三角形内角和是180度，只能有一个直角或钝角，所以可以肯定。

从胸有成竹到迷惑不解，再到豁然开朗，吴老师时刻关注着学生的情感需求和认知需求，关注学生已有的知识基础和生活经验。"跳进学生的脑子里想问题"是吴老师的习惯。她深入儿童的内心世界，设计了"猜一猜这是什么三角形"的活动："只露出一个直角，它一定是直角三角形；只露出一个钝角，它一定是钝角三角形；只露出一个锐角，它不一定是……"以"猜"为突破口，有效地诱发了学生的认知冲突，使学生对三角形的认识和辨别逐步深刻、全面。

## 三、在思考中创造

"多思必有所得。"吴老师在课堂上创设了一个个的悬念，等待学生们来解决。学生在动手实践的认知冲突中，思维的火花被点燃了，他们时而紧锁双眉，沉默思考，时而大胆想象，畅所欲言。学生们在有限的时间内，重走了前人数学研究的道路，完成了一个又一个创举，沉浸在"好吃又有营养"的魅力课堂之中。枯燥的数学课变得妙趣横生，孩子们希望数学课时间长一点，再长一点……他们享受着思考的愉悦，享受着创造的乐趣。

## 1. 思维的火花在指尖上闪烁

吴老师常说:"孩子们的指尖上闪烁着智慧,任何高明的教师都代替不了学生的操作与思考。"吴老师善于鼓励孩子们大胆想象、猜测、推理、验证,让孩子们在动手操作中去发现、去创造。

### 《圆的认识》教学片段

吴老师把小朋友们玩的套圈儿游戏引进了课堂,为孩子们灵活应用知识、创造性地解决问题创设了条件。

5个小朋友排成一行玩套圈儿。

吴老师提出问题:"你们对这样的排队有什么想法?有什么好建议?"

一位女生站起来说:"我认为这样站队不公平,因为每个人到套杆的距离不相等。为了做到公平,5个人应该围着套杆站成一个圆。"

教师用计算机打出一幅图。

多媒体课件把小朋友玩套圈儿的活动演示得活灵活现,同学们看得开心极了。有趣的活动使同学们又一次感受到了圆的知识真神奇。一个平时爱说爱动的男生站起来说:"也可以站成一个纵队,一个人套完以后，后边的人接着套，这也是根据圆的半径相等的知识。"

根据这位男生的发言，计算机展示出画面。

本节课的最后一个活动是画一个大圆圈。吴老师提出问题："下课了，一年级小朋友们去操场上做游戏，想画一个大圆圈，可又没有这样大的圆规，你能帮他们想个办法吗？"

同学们展开热烈的讨论。"这样不行，没有任何工具。""绳子不也是工具吗？""在操场上画一个大圆得多几个人！"……经过讨论，大家一致同意由几个同学手拉手站一排画一个圆。只见他们微笑着手拉起手，一个同学在圆心站着不动，其他同学排成一排绕圆心走一圈。"你们根据什么想出这种办法的？"不等老师的话音落下，学生齐声回答："根据半径相等。"

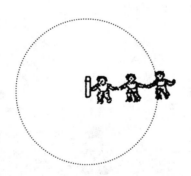

最后，在同学们小结的基础上，吴老师做了简明扼要的总结："今天，我们不仅研究了圆的知识，还应用圆的知识解决了一些生活中的实际问题，同学们从中体会到了圆的知识的价值。今后，在我们的生活中

还会接触到很多圆的知识，那时，你们一定会进一步感受到圆是多么的神奇！"

"过程也是目标。"吴老师以她智慧的课堂很好地诠释了这句话。这个过程不仅满足了学生的好奇心，而且使孩子们在实践中获得了体验，在体验中获得了感悟，在感悟中健康、幸福地成长。

2. 创造从这里开始

儿童具有创造的潜能，"把学习的主动权真正还给学生，就要为学生创造一个探索知识的环境，给足时间让他们去发现、去观察、去感受，他们就会创造出一个个惊喜"。

《分数的初步认识》教学片段

吴老师请同学们拿出准备好的长方形、正方形、圆形纸片，折出自己喜欢的图形的二分之一，同时与小伙伴交流。

孩子们的指尖上跳动着智慧，他们用不同的折法表示$\frac{1}{2}$。

不知谁喊了一声："我折出了圆的四分之一！"同学们把惊奇的目光投了过去，此时的吴老师显得有些激动地说："什么？你折出了圆的四分之一？能把你的折法介绍给同学们吗？"这位同学高高举起手中的圆形纸片，说："我把它对折再对折，就得到了四分之一。"吴老师满腔热情地鼓励他说："很有创造性！同学们折出圆形的二分之一，你却大胆地折出了它的四分之一。你能说说四分之一是什么意思吗？"这位同学兴致勃勃地讲出了四分之一所表示的意思。同学们不约而同地鼓起掌来。吴老师趁机说了一句："你们还有别的折法吗？试试看！"教室里热闹起来，同学们认真地折着，说着，每张小脸上都洋溢着参与的快乐、创造的愉悦。

不一会儿，学生折出了三分之一、六分之一、十二分之一、十六分之一……吴老师真诚地赞赏着孩子们，热情地请孩子们把折成不同图形的纸片贴在黑板上展示。同学们七嘴八舌地说着各自得到的新分数的含义，加深了对分数的理解。

探索的成功，给同学们带来了美好的感受，同学们爱学的兴趣在升华，会学的技能在提高。

美籍匈牙利数学家波利亚（Polya）说："一个涌上脑际的念头，倘若毫无困难地通过一些明显的行动就达到了所求的目标，那就不产生问题。然而，倘若我想不出这样的行动来，那就产生了问题。就意味着要去找出适当的行动，去达到一个可见而不即时可及的目的。"当操作与思维联系起来，操作便成为培养学生创新意识的源泉。

吴老师设计的操作探索活动一次又一次地引发着学生积极的思考，积极的思考带动着他们再操作，不断地思考和操作最终使他们发现了规律。在这样一个不断探索又不断发现的过程中，学生们享受着兴奋、喜悦和成功感。

吴老师为什么就敢放手让学生去操作与探索呢？答案就在于吴老师常说的那句话——"儿童是有潜力的！"

著名心理学家皮亚杰说过："思维是从动作开始的，切断了动作与思维之间的联系，思维就得不到发展。"吴老师通过学生的动手操作，在抽象逻辑思维与具体形象思维之间架起一座座桥梁，用行动演绎了什么是生本课堂，什么是有实效的课堂，什么是以做启思的实践课堂。

（许淑一　王春秀　杨新荣　薛涟霞）

# 7. 追本溯源的寻根课堂

在吴老师的课堂上，我们经常看到这样的情景：在学生获得一个结论后，吴老师总是再次点燃学生"深入思考的火种"，给学生创设激发疑问、产生愿望、付诸探索的过程体验。这一切源于吴老师的"寻根"。她常说："数学教学不仅要让学生知道结论，更要带着学生追本溯源去寻根，让学生看到知识背后的知识，还有知识背后的思考。"在她的眼中，数学是魅力无穷的，课堂是妙趣横生的，教学渗透着奇妙的创造之美。

教材里的数学知识，是准确的定义、逻辑的演绎、严密的推理，显性地印在纸上，却掩盖了数学发现、创造的真实过程，省略了数学家繁复曲折的数学思考。因此，数学教师的责任在于返璞归真，在符合教育心理规律的前提下为学生揭示数学本质，还数学本来面目。

数学的内涵十分丰富，数学应该作为一种文化走进小学课堂，渗入数学教学中，使学生在学习数学的过程中真正受到文化感染，体会数学的文化品位。正因为有这样的认识，吴老师总是精心呵护每个学生心中的"火种"，善于激起学生内心深处学习、求知、探索的欲望。

## 一、揭示数学的本质，引发学生的数学思考

抓住数学概念的本质进行教学是数学教育永恒的话题。数学知识本身具有严密的逻辑性，各知识点彼此之间联系紧密。概念就如同数学的基本细胞，相关概念之间形成纵横交错的"网络"，构成了数学的基本内容。小学数学中涉及的许多概念都是非常基本、非常重要的，它们是数学大厦的基石。在教学中，给数学基本概念以核心地位，使学生领悟概念的本质内涵是

实现有效教学的根本。

1. 在自由争辩中深入理解数学概念

数学学科最基本的概念具有本质性、概括性，是学生学习知识的导航器，是学生思维活动的金钥匙。吴老师常常在她的课堂中为学生创设交流的机会，慷慨地把时空让给学生，鼓励学生独立思考，发表自己的见解，形成"自由争辩"的学风。她让学生敞开心扉，心与心交流碰撞，在碰撞中体验探索的乐趣，深入理解数学概念。

### 《商不变的性质》教学片段

吴老师在教学《商不变的性质》时，出示了这样的反馈练习：判断下面的式子与"$48÷12=4$"相等吗？请出示反馈卡。

(1) $(48×5)÷(12×5)$。（√）

师：这道题为什么对呢？

生：根据商不变的性质判断是正确的。

(2) $(48÷4)÷(12×4)$。（×）

其中有三名同学认为正确。

教师请不同意见的双方各出一名代表，到前面辩论。

反方："请问商不变性质是怎么叙述的？"

正方："在除法里，被除数、除数同时乘或除以一个相同的数，商不变。"

反方："这道题目中的被除数、除数是同时乘或除了吗？"

正方：(仔细地看了看)"噢，被除数是除，而除数却是乘。"

反方："那么这道题符合商不变的性质吗？"

正方："不符合。"

反方："那你们为什么同意这个答案呢？"

正方不好意思地低下头："我们只看到'一个相同的数'，忽视了'同时乘或除以'，错了。"

争辩是思维最好的催化剂。通过课堂辩论，学生明白了商不变的性质除了要考虑"同时乘或同时除以"，还必须考虑"相同的一个数"。辩论让学生彻底了解了商不变的性质，同时，让学生意识到思考问题要严密。常言道："道理不说不明，知识不辩不清。"争辩无疑培养了学生的批判性思维。"自由争辩"让课堂变得妙趣横生，也更具实效性。

### 2. 在动手创造中经历数学知识的形成过程

在以往的教学活动中，教师往往将成人的观念，披上"知识"的外衣，以标准化答案的方式剥夺了儿童独有的个性体验。如果剥夺了儿童在理解基础上的体验，以及在体验基础上的理解，那么，除了死记硬背，孩子们还能做些什么？

吴老师在课堂上时常开展以学生体验为基础的教学活动，试图让学生在体验、理解、感悟中亲身经历知识的形成过程。其实，每一个数学知识的背后都有着漫长的发展过程。我们可以尝试在课堂上揭开这层神秘的面纱，让学生学会思考方法，体验研究的历程，哪怕这种体验是浓缩的。这样，学生在研究过程中的一些思考方法就会与前人的思维进行碰撞，而这种碰撞可能就会撞击出创造思维的火花。

《面积单位》教学片段

吴老师在上课时设计了这样一组情节：首先，请学生拿出两张面积大小很接近的长方形和正方形彩纸，想办法比较出这两张彩纸哪张大？接受了任务后，同学们纷纷投入探索活动中。很快，有的同学就发现了重合、剪拼的方法，并通过自己的实践找到了问题的答案，即先重合一次，把未能重合的部分剪下来，再一次进行比较，直至分出大小。（如下图）

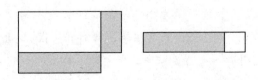

两次重合后比较的结果是，正方形面积大。接下来，老师又提出一个更具挑战性的问题：如果比较两块土地的面积谁大，用刚才的方法还行不行？有什么办法可以比较出土地的大小？

经过一段时间的思考，有的同学提出可以借用一个物体做标准，先分别测量出两块土地的面积，再进行比较。有了新的想法，于是课堂上便有了同学们的第二次操作。每组同学利用学具袋中的学具（若干个长方形、正方形、三角形和圆形的纸片），先分别测量出另两张彩纸的面积，再将测量结果进行比较。学生在这次拼摆过程中发现了圆与圆之间有缝隙，不能准确测量出图形的面积。长方形、正方形、三角形都能准确测量出图形的面积，并比较出彩纸的大小。但是，当涉及大多少这个问题时，得到的答案却不一致。

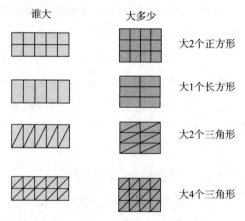

进而大家得出了这样一个结论：需要选择一个统一的标准，这样才便于交流。选哪个图形好呢？这又成为摆在同学们面前的一个现实问题。老师并没有刻意为难学生，而是直接告诉大家，在人类历史上最终选择用正方形作为测量面积的标准，并请同学们思考其中的原因。此时，学生的头脑中再次呈现刚才的拼摆过程。"三角形拼摆起来太麻烦了，老对不上。""长方形因为相邻两条边的长度不同，拼摆起来也比较麻烦。""对，正方形4条边长度相等，特别好拼摆。"大家你一言，我一语地说着。这时，一个男生像发现新大陆一样大声说道："你们看，长方形能变成正方形！"边说边演示了起来。（如下图）

"是呀,这个三角形也能转化成正方形。"(如下图)

在大家的相互启迪、交流中,同学们发现,无论是三角形还是长方形,最终都可以转化成正方形。因此,人们选择正方形作为一个统一的标准还是有道理的。

此时看来问题好像解决了,可接下来的一个游戏却使孩子们刚刚建立起来的认知平衡,又一次被无情的事实打破了。游戏的内容是这样的:首先请男生闭眼,女生观察并用语言描述她所看到的灰色纸片的面积相当于几个小正方形的面积。然后交换角色,男生观察并用语言描述自己所看到的白色纸片的面积相当于几个小正方形的面积。(如下图)

最后,大家都睁开眼睛,猜一猜哪张纸面积大?因为灰色纸片的面积相当于 4 个小正方形的面积,而白色纸片的面积相当于 16 个小正方形的面积,所以,学生很容易联想到是白色纸片面积大。实际比较的结果却是两张纸的面积一样大。是什么影响了测量的准确性?

疑问使孩子们又一次产生了探索的欲望。他们争相陈述着自己的见解,当谜底揭开的那一刻,孩子们都笑了。他们明白了在选择正方形做测量标准时,要注意统一它们的大小。究竟多大合适呢?……问题似乎一个接着一个,整节课学生自始至终都是在操作中体验,在体验中质疑、思考,在体验中发现、创造,在体验中抽象、提升。

下课的铃声响了,尽管同学们没能有更多的时间在课堂上反复做一些有关面积单位的练习题,但他们在较为充足的时间内用自己的头脑和双手进行了实验和探索,亲身经历了数学知识的形成过程,而且在这个过程中逐步学会了观察、验证、思考、操作以及与小伙伴合作。这难道不比多做几道练习题更有价值吗？

有效的课堂追求的是简单和实用，互动的课堂追求的是对话和共享，生成的课堂更需要教师真诚地等待和机智地筛选。

从某种程度上说，知识是永远也学不完的，教师应该利用知识这个载体，让学生拥有可持续发展的学习力。就数学知识的学习而言，教师应更多地关注数学概念本身的实际意义。在上述案例中，吴老师通过对两个面积相近但形状不同的长方形的比较，激发学生的认知冲突，并提供学具，引导学生动手操作、合作探究。解决问题的过程，也是学生经历统一面积单位的必要性，认识用正方形表示面积单位的过程。在这样的过程中，学生逐步学会了观察、验证、思考、操作与合作。

### 3. 在亲身探索中感悟数学思想方法

纵观目前的数学课堂，学生争先恐后回答问题的场面并不罕见。课堂上，他们的小手举得高高的，小脸涨得红红的，看似气氛异常活跃，可是在这热闹的背后，数学课似乎还缺少点什么。缺少了让学生静下心来思考问题的时间与空间，缺少了数学思想方法的渗透。

"植树问题"通常是指沿着一定的路线植树，这条路线的总长被平均分成若干段（间隔），但由于路线不同、植树要求不同，路线被分成的段数（间隔数）和植树的棵数（点数）之间的关系就不同。它属于数学广角的内容，主要是渗透有关植树问题的一些思想方法，通过现实生活中常见的问题，让学生从中理解数量关系，建立数学模型，然后再应用模型解决生活中一类的实际问题。

教师在教学这一部分内容时，一般都是让学生通过观察、操作、讨论运用数量关系解决问题，如：

两端都植：棵数＝间隔数＋1

两端都不植：棵数＝间隔数－1

一端植，一端不植：棵数＝间隔数

吴老师认为，"植树问题"是比较开放的数学问题，而且在现实生活中类似的问题还有很多。在教学中，要力求让学生经历"创设真实情境—抽象数学问题—解决问题—核对并修正"的过程，给学生提供充分的动手操作的时间和空间，在合作交流中分析数量关系，体会数学思想。因此，她在课堂上更多关注的是"植树问题"的本质，即点、段的对应关系，渗透一一对应的数学思想，这样学生在解决问题时便不再死记硬背，而是在头脑中形象地再现"植树"过程，从数学本质上去思考和分析问题。

## 二、感受数学的价值，丰富学生的数学素养

作为人类文化重要组成部分的数学，在经历了漫长的发展过程后，凝聚并积淀下了一代代人的创造和智慧，我们有理由向学生展现数学所凝聚的这一切，引领学生通过学习感受数学的博大与精深，领略人类的智慧与文明。

### 1. 重温数学历史，激发学生探索精神

没有哪一样东西能凭空产生，我们的数学也是在一定的社会背景下产生的，从原始社会的"数觉"到抽象的"数"，从"1，2，3"到"$a$，$b$，$c$"……大到一门学科，小到一个符号，都能使人们看到一部历史，一部文明的历史，一部文化的历史。这样一部历史在数学教育过程中的育人功能和教化作用是其他知识无法替代的。

数学源于生活，许多数学知识与生活有密切联系。如果能让学生体验数学知识产生的生活背景，不仅可以让学生更深刻地领会知识，同时还能感受到数学的价值。

要让学生感受到数学从生活中来，就要根据学生的年龄特点，将教学内容和他们已有的生活经验、知识背景相结合，创设情境、设疑引思，让学生有更多的机会从熟悉的生活中发现数学问题，从而体验到探索的愉悦。

例如，六年级学习的《圆》。(如下图)

很多教师把这个问题作为初步认识圆的引入，甚至还可以引导学生提出对于生活中的圆有哪些疑问，如：井盖为什么做成圆形的？引导学生带着问题走进课堂，让学生感到数学看得见、摸得着，体会数学源于生活，生活中处处有数学。然而，吴老师总能更进一步，她还会追本溯源，将知识的来历介绍给学生：

18000年前的山顶洞人用一种尖状的石器来钻孔，一面钻不透，再从另一面钻。这样，以同一个半径和圆心一圈圈地转就可以钻出一个圆的孔。到了陶器时代，许多陶器都是圆的。圆的陶器是将泥土放在一个转盘上制成的。6000年前，半坡人就已经会造圆形的房顶了。后来他们在搬运重物时，就把几段圆木垫在重物的下面滚着走，这样就比扛着走省劲得多。大约6000年前，美索不达米亚人做出了世界上第一个轮子——圆的木轮。约4000年前，人们将圆的木轮固定在木架上，这就成了最初的车子。会作圆并且真正了解圆的性质，却是在2000多年前，是由我国的墨子给出圆的概念的，比希腊数学家欧几里得给圆下定义要早 100 年。

这个小案例使我们看到"有源"的数学不但帮学生了解了数学的原貌，还增强了学生探究的驱动性，不仅渗透了数学文化，更为实际应用奠定了基础。

2. 探访数学名题，领略数学文化精髓

知道了 2+3=3+2，又知道了 4+5=5+4，就想到了加法交换律，从而想到了 $a+b=b+a$。从个别想到一般，从特殊想到普遍，这是数学家看问题的基本方法。著名数学教育家弗赖登塔尔（Freudenthal）曾说过："儿童是天生的数学家。"让我们通过下面的教学片段来品味吴老师是如何引领学生感悟数学文化的。

"鸡兔同笼"教学片段

师：同学们，我们伟大的祖国具有 5000 年的文明史，尤其在数学领域，有《九章算术》《孙子算经》等古代名著流传于世。《孙子算经》大约产生于 1500 年前，其中的"雉兔同笼"问题，漂洋过海传到日本等国，对中国古文明的传播起了很大的作用。"鸡兔同笼"问题是很有趣的数学问题，让我们一起去看看吧！

吴老师娓娓道来的一番话激起了学生探究"鸡兔同笼"问题的兴趣。

师：鸡和兔关在同一个笼里，它们的头共有 5 个、腿共有 14 条，你们怎样理解这几句话？

吴老师抛出的问题，引起了学生连珠炮般的回答。

生：我知道，鸡和兔关在同一个笼里，我们要注意每只鸡 2 条腿，每只兔 4 条腿。

生：头有 5 个，肯定不全是鸡，也不全是兔。

师：笼里可能有几只鸡、几只兔呢？大家猜猜看！

生：可能是 3 只鸡 2 只兔。

生：可能是2只鸡3只兔。

生：可能是1只鸡4只兔。

生：可能是4只鸡1只兔。

师：大家猜的都有道理！笼子里到底有几只鸡几只兔呢？我们可以画一些简单的图来帮助思考。请大家想想办法，该怎样表示它们的头和腿？

生：我想用圆形表示头。（到黑板上画）

生：我想用竖线表示腿。（到黑板上画）

师：刚才这两位同学想出了好办法。其他同学可以参考他们的画法，也可以用另外的表示方法画一画。

同学们投入地画着，吴老师在教室里巡视着，不时与学生小声交流一两句。之后，几名学生被请到黑板前，他们画的结果是相同的，但却各有各的理由。

生：我是先画1只鸡1只兔，再画1只鸡1只兔，再画1只鸡，一数正好是14条腿。所以，笼子里有3只鸡2只兔。

生：我是先画2只鸡，再画2只兔，一数有了12条腿，还差2条，我就又画了1只鸡，正好14条腿。

生：我是先画1只兔1只鸡，再画1只兔1只鸡，再画1只兔，一数有16条腿，多了2条，就擦掉2条腿。这样就有3只鸡2只兔。

生1：我是先全部画成鸡，二五一十，一算还少4条腿，我就2条2条地添上，就是2只兔3只鸡。

生2：我先全部画成兔，四五二十，多了6条腿，我就2条2条地擦去，这样也得到有3只鸡2只兔。

生：我没有急着画，我想，1只鸡和1只兔共有6条腿，画2次，二六十二，还少2条腿，需要再画1只鸡。所以，我是先知道有3只鸡2只兔再画下来的。

师：同学们想出了这么多方法，得到的结果都是3只鸡2只兔，与

笼中的结果是不是一样呢？（电脑显示笼中的鸡和兔）

师：你们的本领真大，一下子想出了这么多的方法，而且结果完全正确。以后碰到这类问题时，我们可以用想一想、画一画的方法帮助思考。怎样画得更快呢？（把刚才生1和生2的画法再演示一遍）

作为教师，我们不能只是指点学生进入"现成的大厦"，而是要促使他们去"搬砖砌墙"，一同来建筑大厦，即教师的任务不仅是告诉学生真理，更重要的是引导学生探求真理。

"鸡兔同笼"向学生提供了现实、有趣、富有挑战性的学习素材，学生在吴老师的引导下展开讨论，有的学生想到了画图法：用一个圆形代表动物的头，圆形下面画上2道表示1只鸡，圆形下面画4道就表示1只兔。也有的学生采用了动作模拟的方法，比如，有的学生举起双手表示1只鸡，有的学生弯下腰，双手着地，说"兔子有4条腿，我们可以这样表示"。通过模拟，学生们在笑声中感悟着解题的方法。还有的学生想到了列表的方法。学生在具体情境中，根据自己的经验，探索不同的方法，逐步找到解决问题的策略，在合作交流的过程中，积累解决问题的经验，掌握解决问题的方法。

学生从开始的迷茫到大胆地猜测，从大胆地猜测到积极开动脑筋，研讨解决问题的方法和策略，经历了"猜测—验证—总结—应用"，在增长了知识的同时也提高了能力。

当吴老师引导学生总结全课时，一个可爱的小姑娘说道："我太喜欢吴老师了，您不仅向我们介绍了我国的数学名题，而且帮助我们解决了这道题，以后再遇到新问题，我们也会想法子解决了……"学生用质朴的语言说出了自己的心声。

3. 挖掘数学史实，润物无声的人文感染

"金字塔！"随着投影上播出画面，一个学生不禁喊出了声。

"对，这是古埃及人利用自己的智慧和汗水建造的金字塔，古埃及人已经学会用数学来管理国家和宗教事务，确定付给劳役者的报酬，计算建造房屋所需要的砖块数等。由于尼罗河水每年都要泛滥，洪水过后人们都要对土地重新进行丈量，所以古埃及人计算矩形、三角形和梯形的面积等的结果，和现代的计算值十分相近……"

吴老师的介绍一下子就唤起了学生们探究面积意义的欲望。在以往教学面积时，老师们往往单刀直入地介绍什么是面积，没有几个老师会向学生介绍面积的起源，吴老师设置这个环节，不仅让学生们知道了是什么，而且了解了为什么。

### 《质数和合数》教学片段

吴老师引入"哥德巴赫猜想"，在简要介绍"1＋1""1＋2"的含义后，向学生讲授我国数学家陈景润的事迹。

师：我国著名数学家陈景润把证明哥德巴赫猜想作为奋斗目标，他忍受疾病的折磨、废寝忘食、呕心沥血，以常人难以想象的毅力刻苦钻研，最后终于证明出了"1＋2"，把哥德巴赫猜想的研究水平提高到了空前的高度。这一研究成果，震惊了国际数学界，被称为"陈氏定理"。可是，尽管陈景润1966年就证明出"1＋2"，距最终证明出哥德巴赫猜想仅一步之遥，但到目前为止，40多年过去了，数学家们仍未取得进展。也许在座的哪位同学将来能够成为一个新的"陈景润"，完成全世界数学家们的期盼，摘下这颗数学历史上璀璨的明珠，让我们为此而努力吧！

这段数学史的讲述，不但可以让学生体会到伟大数学家们经历过的艰辛与困难、挫折与失败，以及最终的收获与成功，还可以增强学生的民族自信心和自豪感，增强学生的社会责任感，帮助他们正确对待学习中的困难，树立学好数学的自信心。

吴老师总能从"给孩子们正确的数学观念和良好的学习情感"的视角，捕捉有教育意义的历史事件，把数学史有机地融入课堂教学中，成为课堂的组成部分，使数学课堂折射出数学的深刻性和历史的厚重感。

## 三、展现数学魅力，培养学生的情感

数学中的美不仅在于它本身，更为根本的是，它呈现了人的本质的力量，即呈现了人在数学创造活动中所显示出的本质、性格、思想情感、理想愿望、智慧和才能等。克莱茵（Klein）说："数学是人类最高超的智力成就，也是人类最独特的智力创作，音乐能激发或抚慰情怀，绘画使人赏心悦目，诗歌能动人心弦，哲学使人获得智慧，科技可改善物质生活，但数学却能体现以上这一切。"这就是数学的力量，数学的魅力。

吴老师的课堂不仅是引导学生建构知识的过程，也是培养学生感受美、鉴赏美、创造美的过程，是陶冶情操、塑造心灵的过程，更是激发学生学习兴趣，让学生喜爱数学学习的过程，是挖掘学生潜能、促进学生健全人格发展的过程。

### 1. 数学的简洁美

简洁是一条重要的美学标准，数学语言应该说是最简练的语言，它具有鲜明的简洁性，如"两点确定一条直线"，这句话是如此的精确、严谨、凝练！数学中的概念、性质、法则、定理、定律，都是严谨而简明的，给人一种简洁美！

在吴老师的课堂上，也不乏追求数学简洁美的实例。让我们走进吴老师的课堂，看看吴老师是如何引导学生感受数学的简洁美的。

在教学《用字母表示数量关系》时，吴老师引导学生用算式表示"小华比小红大 2 岁"。吴老师边说边板书：

当小红 1 岁时，小华的岁数用 1+2 表示；

当小红 2 岁时，小华的岁数用 2+2 表示；

当小红 3 岁时，小华的岁数用 3+2 表示；

当小红 4 岁时，小华的岁数用 4+2 表示；

……

当小红 15 岁时，小华的岁数用 15+2 表示；

......

当小红 28 岁时，小华的岁数用 28 + 2 表示；

......

吴老师有意识地引导学生接着往下说，突然有一个学生大声说："这太麻烦了吧！"吴老师要的正是学生这种发自内心的体验和感受，于是把话锋一转："是啊，这也太麻烦了。有什么简洁的办法，既可以表示小华的岁数，又可以清楚地看出小华与小红岁数的关系？"学生开始讨论，最终，"$a+2$"这个算式脱颖而出。学生在这个过程中体会到了用字母表示数量关系的简洁和概括。接下来，吴老师引导学生继续讨论，"每支钢笔 8 元，买 $b$ 支可以用 $8b$ 元表示"，"张红有 $a$ 本书，李力比她少 5 本，李力书的本数可以用（$a-5$）本表示"等。学生每一次正确、简洁的表示，都能得到吴老师的赞许，他们感受了数学的魅力！

数学的简洁美既表现在语言的准确、凝练上，也表现在表示方法的简洁，思维的灵活、变通和巧妙上。在吴老师的课堂上，学生能够感受到数学问题的表达是简洁、明快的，能够得到美的感染和享受！

2. 数学的理性美

吴老师在她的《我与小学数学》一书中有这样的论述："数学教学除了担负着其他学科同样的育人功能外，还有其自身独特的使命——促进学生思维品质的发展。"因此，在教学中，吴老师常常和孩子们一起在探索数学知识的实践中，感受数学推理的逻辑美，领略数学知识的内涵所独有的哲理美。这种数学思维的逻辑美、数学知识的哲理美，正是数学最本质的美。

吴老师认为，在小学数学教学中，我们常用的推理方法是归纳推理与演绎推理。数学中每一个结论都力求从多个特殊的现象中归纳、推理而来。例如，吴老师在教学除法"商不变的性质"时，就是引导孩子们从诸多除法算式的变化中发现了被除数、除数的变化规律而归纳出商不变的性质；在学习"小数除法计算"时，吴老师引导同学们在亲自反复尝试的基础上发现了小数除法计算的方法和规律，从而理解算理，感悟数与运算之间的联系。

在学习过程中，同学们不仅掌握了"商不变的性质"和"小数除法"的计算方法，更重要的是，在归纳、推论、概括的过程中，体验了"由一些特殊事例的成立而推理出普通事例也成立，即由特殊到一般的推理"过程。同学们用亲自得出的结论去指导自己的数学实践，在学习过程中感受到了数学推理的乐趣。

3. 数学的对称美

生活中有很多美好的事物都具有对称性。亚里士多德认为，天体的运动必然采取圆周运动的形式，否则就降低了其"至高无上"的完美性。毕达哥拉斯说过："一切立体图形中最美的是球形，一切平面图形中最美的是圆形。"古今中外著名的数学家、学者都对数学的对称美给予了极高的评价。

例如，小学数学中长方形、正方形、等腰三角形、等腰梯形和圆形等，都是各具不同性质的对称图形，图形中的对称美更是比比皆是。

在学习《圆的认识》引入新课时，吴老师呈现很多图形，让学生观察，谈谈有什么感受。

**《圆的认识》教学片段**

生：圆是一切图形中最美的。

师：为什么？

生：不论从哪个角度看都一样，圆是饱满的、圆滑的。

师：你说得真好！圆是饱满的，你是一个观察力强又会表达自己感受的学生！

当学生了解圆的特征之后，吴老师进行了追问，让学生再次感受"圆是饱满的"这句话的含义。

师：学习了圆的特征之后，你对"圆是饱满的"是否有了新的感悟？

生：圆是饱满的，因为圆心到圆上任一点的距离都相等，这相等的线段就是圆的半径。

师：换句话说，你说明了圆具有均匀性。

生：圆是饱满的，因为圆是轴对称图形，直径是它的对称轴，圆有无数条对称轴。

师：你从对称的角度说明了圆是饱满的。

生：圆能很平稳地滚动，其他图形不行。所以我认为圆不仅是饱满的，而且是光滑的。

师：你从运动的角度说明了圆是饱满的、光滑的。

"饱满""光滑"，学生的语言多么富有诗意，他们真正体会到了数学的美。在成人的眼里，圆就是围绕定点、以等长为半径形成的轨迹，我们很难对圆有这样诗意的评价。

后来，吴老师让同学们以自己的身体为模型，不时变换一些滑稽有趣的动作表现"对称"，理解"对称图形"的含义，体会数学知识的对称美。

吴老师不仅在几何教学的过程中为学生充分展现了几何学的对称美，在数与式的教学中也注重揭示对称美，给学生以美的熏陶。例如，对数字 1 做乘法运算，便会出现一些对称的结果。

$$1 \times 1 = 1$$
$$11 \times 11 = 121$$
$$111 \times 111 = 12321$$
$$1111 \times 1111 = 1234321$$
$$……$$

再如，将"分数的基本性质及应用"用一个简缩的知识图表示，即可以领略它的"对称美"。

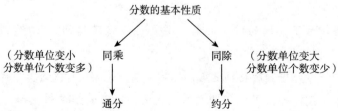

吴老师的课堂向我们展示了数学极富魅力的一面。呈现在学生面前的不再是以往数学课上枯燥的定理、公式、计算和题海，而是数学的思想、精神和方法。在吴老师的课堂上，学生可以触到数学的源头、数学的历史、数学的精神乃至数学的力量，呈现在他们眼前的不再是单薄的教材，而是一幅源远流长的数学画卷。

追本溯源的数学教学不仅有利于学生逻辑思维的发展，而且有利于学生创造才能的发挥，审美直觉的培养。在数学教学中，我们应借助数学科学的文化价值，把蕴含在数学课程中的思想方法、价值观念、审美情趣，加以挖掘与提升，让孩子们在数学学习活动中，受到数学文化的熏陶，使学生在获得数学知识与技能的同时，在过程与方法、情感与态度以及价值观等方面得到全面和谐的发展。

（宋燕晖　张杰　王佩霞　张鹏宇　刘鹏　李丽红）

# 8. 充满魅力的生活课堂

小学数学是数学教育的基础,如何在孩子的面前展现出一个五彩缤纷的数学世界,使抽象枯燥的数学变得生动有趣,引人入胜?如何把生活中的数学原型生动地展现在课堂中,使孩子们眼中的数学不再是冰冷的,而是富有情感、贴近生活、具有活力的?

吴老师认为应该走一条数学教学与生活实际密切结合的教学之路。教师应该通过改进课堂教学设计,为学生架设"知识世界"和"生活世界"的桥梁,重建学生的生活世界。只有当数学不再板起面孔,而是与孩子们的生活实际更贴近的时候,孩子们才会产生学习的兴趣,才会进入学习数学的角色,才会学懂数学,真正感受和体验到数学的魅力与价值,增进对数学的理解和应用数学的信心。

走进吴老师的数学课堂,就会发现她把鲜活的生活题材引入课堂,将数学抽象的内容附着在现实背景中,让学生在数学课堂上享受精彩纷呈的生活数学,令课堂充满魅力。

## 一、数学问题"生活化"

所谓数学问题"生活化",就是在数学教学中,让教学内容向学生的生活实际延伸,让生活中的数学问题进入数学教学,让数学教学充满时代的气息和活力。生活离不开数学,数学来源于生活,数学与生活是永远无法剥离的。因此,在教学时,要努力让数学走入生活,使数学问题"生活化"。现代教学理论也认为:数学教学应该从学习者的生活经验出发,将数学活动置于真实的生活背景中,给学生提供充分进行数学活动和交流的机会,帮助他们真正理解和掌握数学知识、思想和方法，同时获得广泛的数学活动经验。

1. 情境——数学学习的载体

受儿童心理发展特点的影响，他们的学习往往带有浓厚的情绪色彩，对熟悉的生活情境感到亲切、有兴趣。小学数学中的大部分学习内容和需要解决的问题都可以在生活中找到原型，因此吴老师就从学生的生活中提取数学学习素材，让他们感受到在课堂中学习的知识是来自生活的，从而体会数学的价值，激发学习数学的兴趣。

《小数的加法和减法》教学片段

在学习《小数的加法和减法》一课时，吴老师做了这样的设计：课前安排学生到附近的商场、超市购物，并请同学们把购物小票带到课堂上，向同伴介绍自己购买的物品，同时提出问题，请大家一起帮助解决。这里展示的是学生 A 的购物小票。

××超市<br>欢迎惠顾

| 日期 | 流水号 | | 款机号 |
|---|---|---|---|
| 品名 | 单价/元 | 数量 | 金额/元 |
| 笔记本 | 15.60 | 1 个 | 15.60 |
| 橡皮 | 0.80 | 1 块 | 0.80 |
| 三角板 | 5.54 | 1 副 | 5.54 |
| 铅芯 | 4.40 | 1 盒 | 4.40 |
| 应收 | 26.34 元 | 优惠 | 0 元 |
| 实收 | 30 元 | 找零 | 3.66 元 |

钱款当面核对！质量问题，凭此票退换。

学生 A 提出的问题是：

(1) 1 个笔记本和 1 块橡皮共用多少钱？

(2) 1 盒铅芯比 1 副三角板少多少钱？

随着学生 A 的提问，各个小组积极活动起来，同学们首先列出了算式：

15.6＋0.8　　　5.54－4.4

"看到这张购物小票还可以提出什么问题？"吴老师插问了一句。同学们的思维活跃起来。

生：我想计算一下四种物品的价钱是不是与计算机算出的价钱正好相等。请大家一起来算一算。

生：我想帮学生 A 验证一下售货员阿姨找的钱对不对。

随着学生的提问、回答，黑板上出现了不同的算式，同学们也讲出了算式的道理：

15.6＋0.8＋5.54＋4.4

（15.6＋4.4）＋0.8＋5.54

30－15.6－0.8－5.54－4.4

30－（15.6＋0.8＋5.54＋4.4）

"列了这么多算式，该怎样计算呢？试试好吗？"吴老师提议。同学们立刻行动起来，有的找出了整数加减法法则作为依据，有的悄悄地打开了数学书，想从例题中受点启发，有的干脆拿起笔试着算……同学们尝试着，争论着，最后终于发现了小数加、减法的计算方法。

吴老师设计的课前购物活动，让学生置身其中，对数学课堂产生了浓厚的兴趣。一张小小的购物小票，为枯燥的计算教学赋予了生活的气息，使得数学法则不再是令人生畏的抽象概念，在具体的情境下，计算教学变得鲜活起来。

### 《圆的认识》教学片段

师：生活中，你在哪里见过圆？

生：硬币是圆的。

生：碗口是圆的。

生：皮球是圆的。

生：车轮是圆的。

……

根据同学们的回答，画出平面图形的圆。

师：车轮为什么要设计成圆形的？

不知谁在下面喊了一句：它没棱没角，便于滚动。

吴老师随手在黑板上画了一个椭圆（如下图），说：它也没棱没角，车轮是否可以制成这样子的呢？

吴老师的提问，引发了学生们的好奇心和探索的兴趣。然后，吴老师演示教学课件，展示不同形状的车轮的运动轨迹，轴心移动留下了一条条不同的痕迹，生动的画面又一次引起了同学们探索的兴趣和欲望。

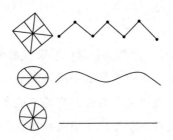

数学与生活密切相关，正如著名数学家华罗庚所说："宇宙之大，粒子之微，火箭之速，化工之巧，地球之变，日用之繁，无处不用数学。"在解决数学问题的过程中，学生亲身经历了数学知识形成的过程，实实在在地感受到了数学的应用价值。吴老师正是对数学与生活有了如此深刻的理解，才会引导学生发掘身边的数学，使学生感受到数学无时无刻不在身边，进而激发起强烈的探索兴趣。

2. 经验——解决问题的资源

儿童在其生活中已经经历了许多数学问题，积累了一些生活经验，这些看似零散、混沌、表象、粗糙或者是无序的经验，往往是学生学习数学和解决问题的资源。吴老师一向关注学生已有的经验，她在设计教学的过程中，总是借助学生的生活经验和已有的知识帮助学生学习数学和理解数学，引导学生把对生活的体验融入课堂，使之成为学生学习的有效资源。积极唤起学生对生活体验的回顾，从记忆中提取必要的知识储备，在此基础上建构新的知识体系，这也符合认知心理学所倡导的"学生要获取某种知识，就要把新知识同化到已有的认识结构中去"。

### 《循环小数》教学片段

在教学《循环小数》一课时，吴老师做了这样的设计：通过计算比赛，引导学生初步认识有限小数和无限小数。

……

师：好极了，同学们观察得很认真。像"4.261"这样的小数，小数部分的位数是有限的，叫作有限小数；像"2.14242……"这样的小数，小数部分的位数是无限的，叫作无限小数。

教师随即板书：有限，无限。

师：（继续追问）无限小数的小数部分有什么特点？

生：有的是一个数字重复出现。

生：有的是两个数字重复出现。

师：小数部分一个数字或者几个数字依次不断重复出现，这样的小数叫无限循环小数。什么叫依次不断重复出现？你们怎么理解？

吴老师以春夏秋冬的自然现象为例，通过四季的更换、周而复始，学生获得了对"循环"含义的初步理解。接着，吴老师问学生："像这样的事例，你们还能举出一些吗？"

生：每天早上太阳从东方升起，晚上从西边落下，第二天又从东方升起……无穷无尽。

生：过了星期日，是星期一、二、三……又到星期日，周而复始，无穷无尽……

理解"循环"，是学生学习的困难点，教师应该怎样做呢？是直接帮助学生描述出来，还是就题论题引导学生认识呢？吴老师把学生对循环的理解建构在他们已有经验的基础上，通过联系自然现象，帮助学生理解"循环"的含义，化抽象为具体。我们在数学教学中应重视学生的生活经验，把数学教学与学生的生活经验相联系，把数学问题与生活情境相结合，以促进学生的理解。

吴老师认为，读懂学生不仅仅限于读懂学生已有的知识基础，还要读懂他们在生活中积累的生活经验，这样才能化抽象的数学知识为生动有趣、易于理解的知识。

## 二、生活问题"数学化"

所谓生活问题"数学化"，就是从生活的具体事物中抽取出量、属性和关系，并形成相对独立的数学对象。在实际生活中，有各种各样的问题需要我们去妥善处理、科学解决，要处理和解决好这些问题，就必须排除那些无关的、无用的变量，在一种特定的、理想的环境中去研究解决问题的办法，所以数学也就应运而生。数学正是排除了生活中那些无关的和无用的变量，把生活放置在理想化的状态下研究其普遍存在的规律和关系的科学。生活问题"数学化"顺应了自然发展的规律，是人们处理和解决实际问题的需要。吴老师认为，数学教学的目标不是培养只会纸上谈兵的考试状元，而是通过数学学习使每一位学生都能用数学的眼光去观察生活，用数学知识去解决实际问题。

### 1. 眼中有数学

现实世界中事物的存在形式是千姿百态的，教师要引导学生学会用数学的眼光观察现实世界，进而发现、描述、探索、寻找规律，寻求用数学的方法分析问题和解决问题的途径，这对于培养学生应用数学的意识十分重要。吴老师认为，只有从数学的角度观察周围事物，找出其中与数学有关的因素，才有可能进一步去探究其中的规律。同时，学生学会从数学的角度去观察事物，思考问题，就能体会到学习数学的重要性，增强学好数学的信心和愿望。

## 《圆锥体积的计算》教学片段

上课伊始，吴老师把同学们带到操场。操场东侧有一堆圆锥体的沙石废料，吴老师十分诚恳地请同学们为学校操场施工遗留的废沙石搬运问题出谋划策。

师：平整操场、修缮围墙的施工任务已进入尾声，堆积在操场上的废沙石要运出学校，施工队只有一辆载重为4吨的汽车用来搬运，请问需要多少次才能搬运完呢？

话音刚落，同学们已经七嘴八舌地议论开了。

生：称一称这堆沙石有多重，再看看总量里包含着几个4吨就知道需要几辆车了。

生：这也太麻烦了，一点一点地称来称去既浪费人力又浪费时间。

师：（耸耸肩膀，皱皱眉头，俨然像个大孩子）是啊，太麻烦了，难道就没有好一点的办法吗？

同学们再次自由组合交流，有一位同学大胆地提出设想。

生：老师，您能不能提供两个数据，一是每立方米沙石的重量，二是这堆沙石有多少立方米。

师：你很会考虑问题，不过我只能满足你一个条件，每立方米沙石约重1.7吨，另一个条件还得请大家帮助解决。

看着眼前这堆圆锥体的沙石，同学们又一次开始了思考：有棱有角的长方体、正方体，直上直下的圆柱体的体积都好计算，眼前这个尖尖顶的圆锥体如何计算呢？孩子们探索新知的欲望被激发。

师：（话锋一转）好，请同学们回到教室，4人一组共同研究，我为每个组都提供了研究的材料，请小组讨论，提出各组的解决方案。

回到教室，好奇的学生迫不及待地拿起大小不同的圆柱体及圆锥体容器开始了水或沙的自由实验。

当孩子们发现他们的学习材料和实际生活存在着密切的联系时，他们就会兴趣十足地努力去尝试着解决问题。看，每个小组的合作研究是多么认真而有序：组长有条不紊地指挥着，有的同学负责选材料做实验，有的同学负责把每次实验的情况记录在表格里。观察、交流、实验持续了一段时间后，汇报交流开始了。推荐出的小组代表首先公布实验结果，然后向全班进行汇报。

董同和王娟代表小组发言。

董同：这里展示的是我们小组的实验记录：

|  | 等高不等底 | | | 等底不等高 | | | 不等底不等高 | | | 等高等底 | | | |
|---|---|---|---|---|---|---|---|---|---|---|---|---|---|
| 圆锥体 | 2 | 6 | 1 | … | 9 | 18 | … | … | 1 | 3 | … | 3 | 3 | 3 | … |
| 圆柱体 | 1 | 1 | 3 | … | 1 | 1 | … | … | 5 | 8 | … | 1 | 1 | 1 | … |

在多次实验中我们发现，圆锥体与圆柱体在等高不等底或等底不等高的情况下，它们之间的体积关系是不确定的。当圆锥体与圆柱体等底等高时，它们的体积总是保持1:3固定不变的关系。

王娟：经过实验研究，我们小组发现了一个秘密，要求圆锥体的体积，只要求出与它等底等高的圆柱体体积，再除以3就可以了。

师：对第一组同学的发言大家有什么意见？

生：我想问问第一组同学，为什么没做不等底不等高的实验，就得出结论？

第一组同学当然不示弱，座位上的两个同学几乎同时站了起来：前面的等底不等高、等高不等底的实验已经证明没有规律，再做不等底不等高的实验不是白浪费时间吗？

同学们向第一组同学投去敬佩的目光。

一位中队长站了起来：我想给第一组同学补充一下，求圆锥体体积的公式是用等底等高的圆柱体体积除以3。

不知谁喊了一句：乘$\frac{1}{3}$也可以。

大家点头认可。接下来，其他几个小组的代表也做了交流发言。同学们用自己的智慧、小组的研究成果解决了身边的实际问题。

通过这个案例我们可以看出，吴老师不仅为学生提供有趣的、富有挑战性的现实场景，还为学生提供探究的材料。在教学过程中，吴老师帮助学生戴上了一副观察生活的"数学眼镜",引导学生观察操场上圆锥体的沙石废料,让学生感受到生活中的很多现象与数学是密切相关的,可以从数学的角度尝试着解释一些生活中的现象。

2. 学会用数学

数学教育家波利亚说过:"数学教师的首要责任是尽其一切可能,来发展学生解决问题的能力。而我们过去的数学教学往往比较重视解决现有的数学问题,学生一遇到实际问题就显得不知所措。"吴老师认为,要解决这一问题,教师应从学生的生活实际出发,发现和挖掘生活中的一些具有发散性和趣味性的问题,组织学生进行创造性的数学活动,捕捉生活中的数学现象,达到生活材料"数学化",数学教学"生活化",帮助学生在数学与生活之间架起一座桥梁,感受数学学习的价值。

《比和比例》教学片段

学习了《比和比例》一课后,吴老师在某天上午 11 时左右,把全体学生带到操场,指着高高的旗杆提出问题:"这根旗杆大约有多高?"

几个同学大胆地估测:10 米、15 米……

多数同学则摇摇头,少数几个同学窃窃私语。

生:用一根长绳送到顶端,从上到下量一量。

生:绳子怎么送到顶端呢?

生:干脆把旗杆放倒测量。

吴老师不动声色地把早已准备好的一根 2 米长的竹竿笔直地立在操场上,地上顿时出现了竹竿的影子。吴老师低头不语,若有所思,围着竹竿走了一圈又一圈。

师:(自言自语)这里有什么学问吗?竹竿的长与影子的长有什么关系吗?

不知哪个机灵鬼喊了一声:"有办法了。量一量竹竿的长度,再量一下它的影子的长度,不就知道竹竿与影长的关系了?再根据它们的关系，量出旗杆的影长，不就可以算出旗杆的长度了吗?"

急性子的同学拿起卷尺量了起来，竹竿长 2 米，影长 1 米，正是 2 倍的关系。"哈哈，有了!"同学们通过讨论、测量、计算，终于求出了旗杆的高度，大家的脸上都洋溢着成功的喜悦。

此时，吴老师把话锋一转："放学后，我们再根据物体与影长 2 倍的关系，测量一下杨树的高度，可以吗?"一石激起千层浪，有的同学说"行"，有的说"不行"，经过讨论，大家终于认可了"在同一时间内"这样一个不可缺少的前提。

最后，一位性格内向的同学说出了一句耐人寻味的话："怎么刚学完比例的知识，在这儿就碰上了?"

"怎么刚学完比例的知识，在这儿就碰上了?"多么朴素的语言，一下子就点出了数学与生活的密切联系。"这根旗杆大约有多高?"吴老师有意把生活中的问题引入数学课堂，巧妙地引导学生用学过的比和比例的知识来解决问题，在解决问题的过程中强化学生对数学知识的理解。这难道不比做上几道练习题，使学生对数学知识本质的理解更深刻吗?

再如，教学"平均数"时，吴老师没有照本宣科，而是很自然地从资料引入，引起了孩子们极大的学习兴趣和探索热情。

## 《平均数》教学片段

小红看到在学校的水房、卫生间都贴有"节约用水"的字样，她产生了疑问，我国有长江、黄河等很多河流，为什么还要节约用水呢?

于是吴教师出示一则用水量信息：

中国淡水资源总量为 28000 亿立方米，居世界第四位。但人均水资源只有 2000 立方米，在世界上名列 121 位，是全球 13 个人均水资源最贫乏的国家之一，是一个缺水严重的国家。

师：大家读完这段信息后，有什么感觉?
生：我特别兴奋，我们国家的水资源真丰富!

生：你说得不全面，你刚读完第一句话，接着读下去你就兴奋不起来了，别忘了我们有 14 亿人。

师：是呀！不能只看淡水资源总量。

生：估算一下，把 28000 亿立方米平均分成 14 亿份，人均水资源 2000 立方米，实在是太少了。

生：读完这段话，我认为平均数的作用太大了，它能让我们了解最真实的情况。

师：假如只知道淡水资源的总量，你们怎么想？

生：那我会认为中国的淡水资源很丰富，不用节约用水。

生：读完信息知道人均水资源后，我的心一紧，节约用水要从现在做起。

师：水资源和每个人息息相关，决定平均数值的大小有两个因素，一个是总数量，一个是总份数，不能只看其中一个因素。"人均水资源"更好地反映了我国水资源的整体情况，是我们做出决策的重要依据。

平均数的教学，要让学生理解平均数所具有的"代表性"。吴老师通过对信息的理解，让学生感受到决定平均数值的大小有两个因素，一个是总数量，一个是总份数，不能只看其中一个因素。通过这段资料的阅读让儿童体会到我国水资源的总量很大，但人均水资源很少，进一步感受平均数的价值，感悟到平均数是做出某些决策的重要依据，再次凸显平均数的意义，让儿童感受到根据数据做判断、做决策的道理，培养学生整体性和相对性的思想，发挥统计的育人价值。

## 三、回归数学

生活中蕴含着丰富的数学知识，但那是凌乱的、非系统化的。荷兰数学教育家弗赖登塔尔说过："数学是系统化的科学。"在数学课堂教学中，难道教师仅仅是让学生感受到数学来源于生活又服务于生活吗？吴老师曾反复提及，要让数学课堂充满"数学味"。把数学"退回"生活不是目的，数学教学究竟可以带给学生些什么呢?

1. 学会方法

日本数学教育家米山国藏曾指出:"作为知识的教学,通常在学生出校门后不到一两年就忘记了,然而不管他们从事什么业务工作,那种铭刻于头脑中的数学精神和数学思想方法,却长期地在他们的生活和工作中发挥着作用。"吴老师认为,在小学阶段有意识地向学生渗透一些基本数学思想方法,是提高学生数学能力和思维品质的重要手段,是数学教育实现从传授知识向培养学生分析问题、解决问题能力转变的重要途径。在数学课堂上,吴老师利用学生喜闻乐见的情境,让他们观察、思考、抽象、概括,将实际问题抽象成数学问题,并采用有关的数学思想方法去尝试解决新问题,为进一步学习奠定基础。

### 《等量代换》教学片段

吴老师绘声绘色地向同学们介绍《曹冲称象》的故事:三国时期,吴国孙权送给曹操一只大象。这件事轰动了全城,人们纷纷跑来看大象。这只象又高又大,人们边看边议论这只大象到底有多重。曹操听了大家的议论后站起来问文武百官:"谁知道这只大象有多重?"大家你看看我,我看看你,谁也说不出来。这时,他年仅五六岁的儿子曹冲想出了一个好办法,他叫人找来一条空船,把大象牵到空船上,待水面平静后在船的一侧用记号刻下水面位置,然后把大象牵出船,又叫人把一块块大石头搬到空船上直到与记号持平为止。最后他叫人称出所有石头的质量,累计总量就是大象的质量。

同学们听得入了神,吴老师马上把话锋一转:从《曹冲称象》的故事中你知道了什么?

同学们开始了热烈的讨论。

生:听了这个故事,我懂得了当遇到困难时要积极想办法来解决。

生:曹冲真聪明,用石头来代替大象。

生:我爸爸曾经考过我一道题,一只小狗的重量等于两只小猫的重量,一只小猫的重量等于三只小鸡的重量,问一只小狗的重量等于几只小鸡的重量?当时我没有解答出来。今天听了曹冲称象的故事,我会解答了。不就是把猫换成鸡吗?

显然,这位同学已经产生了联想,等量代换的数学模型已在孩子们头脑中初步建立起来。

吴老师就地取材,顺手把这道题写在黑板上:

1 只小狗 = 2 只小猫

1 只小猫 = 3 只小鸡

1 只小狗 = (  ) 只小鸡

同学们叽叽喳喳地议论开了:一只小猫换三只小鸡,两只小猫可以换六只小鸡,一只狗就等于六只小鸡的重量。这不是跟用石头代替大象的道理一样吗?

在这个案例中,《曹冲称象》的故事对学生的影响是深刻的:一是它向学生展示了一幅有趣的生活画面,让学生感受到生活中处处有数学,解决数学问题的过程中闪烁着智慧的光芒;二是等量代换的数学思想蕴含在生活之中,整体可以分成若干个小部分,若干个小部分之和就等于这个整体。有了这样的思想就可以化难为易,帮助人们巧妙地解决生活中的问题。

因此,为了丰富学生的知识,提高学生的数学素养,我们应充分挖掘课程资源,把广阔的数学世界中的有趣史料和故事引入课堂,让孩子们在愉悦的心境中欣赏古代名题,欣赏数学的魅力,在欣赏过程中感悟数学思想,体会数学方法。

2. 学会思考

"数学是思维的体操。"现代教育观点认为，数学教学是数学活动的教学，即思维活动的教学。吴老师认为，数学课上不是教给学生多少知识，而是要教给他们思考的方法，提高学生的思维能力和创新意识。在吴老师营造的生活课堂中，不仅可以感受到数学的亲切与生动，更可以感受到智慧的火花不断闪现，也正是这样，吴老师的课堂才是充满魅力的、具有浓郁数学味道的课堂。

### 《小数除法》教学片段

吴正宪老师在教学《小数除法》时，出示了这样的"裸情境"：4位大学生一起共进晚餐，约定以"AA制"方式付饭费。一共花了97元。每人应付多少元？

97÷4＝24（元）……1（元）

此时吴老师让一名同学将算式写到了黑板上，吴老师和孩子扮演起了聚餐中两名同学的样子。

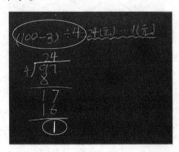

师：你应该给多少钱？

生：24元。

师：（稍作失望地）24元，我亏了。

生：（迅速改正）25元。

师：25元，你亏了。看来，这些钱数是在——

生：（异口同声）24到25中间。

师：（肯定地）这个感觉挺好，钱数既不是整24元，也不是整25

元，而是在它们之间。

师：（看到学生遇到了困难，给学生一个思考的方向）我们学习的有余数除法到这儿就结束了，今天我们遇到了新问题。问题在哪儿呢？

生：就是比 24 元多一些。（学生在思考，在认真想 24 元余 1 元是什么意思。）

生：（疑惑地）这个数好像不准确啊。

生：就是余下 1 元，没法办。

生：（急切地）我们就是要算每个人到底付多少钱呀！

师：问得好，每个人应付多少钱呢？这就是这节课我们要研究的新问题。你们有办法解决吗？

在以往的教学中，小数除法的第一节课通常是"小数除以整数"。在吴老师的课上却用了"整数除以整数"，吴老师为何要用整数除法帮学生推开小数除法的大门呢？它们之间又有什么联系？整数有余数除法是学习小数除法的前概念之一。吴老师用"AA 制"这个贴近生活的情境，激发了学生的兴趣，迅速地解决了问题——97 元除以 4 是 24 元余 1 元，但又立刻发现了新问题，每个人到底付多少钱？如何表达？

吴老师精心设计的生活情境，给孩子的思维碰撞搭建了平台。在争论中，孩子们深切地体会到：在现实生活中，要灵活应用数学知识，在解决实际问题时，不仅要考虑数学因素，还要考虑其他的相关因素。

感受吴老师充满魅力的生活课堂，让我们觉得是一种享受，它还数学于真实，还数学于愉悦，还数学于人性……在这个"生活化"的数学舞台上，学生享受了丰富又有情感的数学知识。数学知识来源于生活，生活本身又是一个巨大的数学课堂。数学课堂只有再现数学知识与自然科学、人类生活的联系，才能不断扩大数学教学的信息量，才能培养学生"用数学"的意识和各方面的实践活动能力，为学生今后的生活、工作打下扎实的基础。

走进吴老师充满魅力的生活课堂，我们不禁产生这样的体会：

**(1) 数学课堂需要生活去激活**

数学教材中的内容比较抽象，语言精练，概括性较高。在教学中，要根据学生的特点和生活环境，适当扩充贴近学生生活实际的学习材料，引导学生观察、探索生活中的数学问题，让学生体验数学问题来源于生活。正如爱因斯坦所说："教育应当使所提供的东西让学生作为一种宝贵的礼物来领受，而不是作为一种艰苦的任务要他去负担。"我们要让生活化的数学成为学生乐于接受的"宝贵礼物"，让数学因为生活化的教学变得更加生动，更加丰富多彩。

**(2) 生活问题需要数学去概括**

"数学是人们对客观世界定性把握和定量刻画逐渐抽象概括、形成方法和理论，并进行广泛应用的过程。"数学教学不可能完全停留在生活的层面上，我们要有意识地培养学生的抽象思维能力。数学教学与生活的关系虽然密切，但我们不能为联系而联系，牵强附会，甚至照搬生活场景，盲目追求原汁原味的生活味，将数学课上成生活课。我们倡导数学生活化的目的是为了让学生在纷繁复杂的生活情境中分析信息、处理信息，最后解决问题，同时为枯燥的数学问题赋予生活背景，使其具有生命力。对生活与数学问题要做辩证的分析，在数学教学中，不要只注重现实生活情境，在某些时候我们也要"去生活化"，展现出数学自身的魅力。

**(3) 联系生活领悟数学的价值**

学生把所学的知识运用于生活是数学学习的目标之一。在教学中，教师要激发学生自觉地运用所学知识解决生活中相关的问题，让学生在生活实践中提高解决实际问题的能力，实现"生活问题—数学问题—数学模型—数学问题—生活问题"的循环往复。数学知识只有不断运用于生活，才会根植于学生心中，并在学生头脑中"活"起来。

（宋燕晖　王蕙　丁雁玲）

# 9. 真诚交流的对话课堂

对话课堂需要师生真诚的交流，在交流中，拉近师生的关系，激发学生的求知欲望，唤起学生学习的自信。在课堂教学中，师生间的交流，不仅是情感的交流，也是思维的碰撞。

品味吴老师的课堂，"真诚交流"无时不在。每每聆听吴老师的课，不仅是参与其中的学生，就连教师也会被深深地吸引。

## 一、在对话中创设孩子喜欢的课堂

我们常说，要激发学生的学习兴趣，因为兴趣是最好的老师。吴老师就是这样，总能激起学生的学习兴趣，让学生爱上数学课。

### 1. 真诚交流，拉近心与心的距离

"亲其师，信其道。"教师要让学生喜欢上自己的课，首先就要拉近与学生之间的距离。吴老师总是用心感受学生的内心，用真诚的话语与学生对话，这是心与心的交流，当两颗心不再有距离时，学生就真正融入了课堂之中。

"5·12"汶川大地震后，吴老师随北京教科院的领导和教师一同来到了灾区。在四川什邡的课堂上，面对孩子们满含忧伤的眼神，吴老师看在眼里，痛在心头。她微笑着走上讲台，关于地震的事一句都没提，而是问了孩子们一个意想不到的问题："你们觉得是玩好，还是上课好呢？"开始，孩子们都怯生生地不敢回答，在老师的鼓励下，有几个胆

子大些的孩子小声说："上课好！"吴老师笑了笑说："没关系，怎么想就怎么说。难道你们真的不喜欢玩吗？我喜欢玩，当然如果上课也很有趣就好了，对吗？"吴老师的坦诚换来了孩子们会心的一笑，课堂气氛一下子轻松起来。吴老师继续说道："其实，学习和玩都是有趣的事情，上课好不好，现在说还太早，等上完课后，再请你们来评判，好吗？"这一次，孩子们踊跃地做出了应答。

通过精彩的开课，我们不仅可以读出吴老师的教育智慧，更能看到她与学生真诚的交流，就是这样几句简单的对话，消除了与孩子们的隔阂，拉近了师生之间的距离。学生带着轻松的心情，愉快地开始学习。这节课结束时，孩子们不想下课，追着吴老师问："您什么时候再来什邡？"我想，孩子们恋恋不舍的情意，从吴老师课前的 2 分钟交谈中就已经萌生了。

在我们的日常教学中，时常会有这样的场景出现：上课伊始，学生用专注的眼神凝望着老师，而老师的开场白却是对没完成作业的学生的一顿数落——"张××、王××怎么又没写完作业，你们天天到学校干什么来了……"这样的开场白怎能不影响孩子们上课的情绪呢？在教学过程中，吴老师也会遇到学生出现的各种各样的问题，但吴老师坚信，只要用心去交流，与孩子真诚地对话，就可以让学生不断地信任自己，爱上自己的课堂。

2. 真诚交流，激发学生的求知欲

数学教学是科学，也是一门艺术。吴老师注重以真诚的交流激发学生的主动性，注意细心品味数学家心灵智慧撞击出的数学魅力，并努力让这种魅力吸引学生，激发学生的求知欲望。

在学习《年、月、日》一课时，对于"二月份既不是大月，也不是小月，是一个特殊的月份。它的天数有些奇怪，有的时候是 28 天，有的时候是 29 天，这是怎么回事呢？"吴老师并没有解释，而是设计了一个"考考老师"的活动。学生根据手中的年历卡（课前准备好的年份是各不相同的年历卡）说年份，让老师猜这年的二月是多少天。一听要考考老师，同学们的劲头可足了，纷纷上前给老师出题，他们说的每一个年份，吴老师都能又对又快地猜出来。学生们佩服极了，将热烈的掌声送给吴老师。吴老师谦虚地连连点头，微笑着说："谢谢同学们的鼓励！""我为什么不用查看年历就能准确地判断这一年的二月有多少天呢？这里面有什么秘密吗？""是啊，这是为什么？"学生们不住地点着头，瞪大眼睛望着老师，迫不及待地开始了观察与思考。

吴老师用真诚打动了学生，一个"考考老师"的活动，揭开了师生间的对话，同时在一问一答中，激起了学生的好奇心，点燃了学生的求知欲望。

3. 真诚交流，增强学生的自信心

自信心是迈向成功的一半。要想让学生对数学学习感兴趣，不仅要点燃学生的求知欲望，还要让学生树立学好数学的信心。

一次，吴老师新接了一个班，在新学期的第一节数学课上，吴老师发现在教室的一个角落里，坐着一个始终一言不发、眼睛呆呆地望着黑板的孩子。吴老师走到他的身旁，简单的询问却换来了一个令人吃惊的回答："我很笨，我学不会数学，您批评我吧。"孩子的话刺痛了吴老师的心，她抚摸着孩子的头："傻孩子，我不是来批评你的，我是来帮助你的，把以前落下的知识补上，只要你听懂了，慢慢地就会学了。""我也能听懂数学吗？"孩子怯生生地望着老师。"你肯定行！"吴老师充满鼓励的目光让孩子看到了希望。

从那以后，吴老师在课下常常帮他补课，一次次交流，一次次问答，让他对简单的知识有了一定的认识。接下来，吴老师便努力为他创造"在同伴面前感受成功"的机会，让他在同学们面前找回自信和尊严。在课堂上，吴老师有意识地让他在全班同学面前讲解习题。由于有了台下的训练，他在台上讲得很成功，获得了宝贵的情感体验。那个曾经认为"我很笨"的孩子在接下来的学习中听得那样专注，还不时地举手回答问题。下课后他感慨道："老师，其实数学挺好学的，不像我想的那么难。"

吴老师用真诚的心，一次次地与学生交流，在对话中，让学生慢慢看到希望，开始进步了。学生的自信心怎么来？首先要让学生感受到老师相信他，同伴信任他，帮助学生在困难面前勇敢地迈出第一步，获得重新跃起的机会。

是什么唤起了学生心底的那份勇气？是什么让他们的小手高高举起？我想是"真诚"，是"信任"，是"尊重"。在吴老师的课堂上，我们常常会看到这样的场景：一节课过半，吴老师轻轻走到教室的某个角落，面带笑容地望着一直不举手的学生。"这位同学，我一直关注着你，说说你的想法好吗？我很想听到你的声音。"很多教师常常会惊讶于"上课从不爱回答问题的同学，今天竟然也高高地举起了小手"。吴老师用细致全面的关注、恰当有效的点拨、真诚友善的对话，以及发自内心的期待，帮助学生建立了自信。

## 二、在对话中创设探索创新的课堂

吴老师的课堂充满了教师与学生、学生与学生的对话，在对话中，吴老师通过一个个问题的引导，激发学生不断地思考。对话是交流的桥梁，是开启学生思考的钥匙，是创新的源泉。正是因为吴老师为学生创建了这样一个真诚交流、自然对话的课堂，一个轻松和谐的环境，学生才能以最好的状态，不断深入思考，激发出创新的意识。

### 1. 适时、恰当的追问，深化学生的思维

抓住时机追问，是开启学生深入思考的钥匙，是探索知识根源的动力，是激发学生潜能的基石。当学生理解错了，追问就是船帆，引领学生思考的方向；当学生遇到困难，追问就是火光，帮助学生抓住问题的关键。

《圆的认识》教学片段

师：同学们准备好画圆的工具，每人试着画一个圆。边画边体会、

思考圆是怎样画成的。

　　学生利用手中的工具画出大小不同的圆，并在小组中交流着画圆的方法和体会。

　　生：我把一枚硬币按在纸上，画了一个圆。

　　生：我利用这条绳子画了一个圆，（同学们露出讶异的目光）绳子的一端系一支铅笔，另一端固定在纸上，把绳子拉直，将铅笔绕一圈，就画成了一个圆。

　　生：真圆啊，真没想到还可以这样画。

　　随即，吴老师借助这位同学的方法顺手在黑板上画圆。绳子一端固定在黑板上，另一端缠绕粉笔，顺时针旋转，教师故意将拉直的绳子变松懈，出现了"椭圆图形"，同学们笑了。

　　生：您画得不圆。

　　生：绳子没拉紧。

　　此时，吴老师抓住时机追问：你观察得很仔细，并说出了一个关键问题——绳子没拉紧。为什么绳子没拉紧就画不成圆呢？

　　学生开始思考……

吴老师抓住这句"绳子没拉紧"，引导学生思考、体验其背后的数学内涵，这体现了吴老师对教材的整体把握和深刻理解，她以学生的视角帮助学生逐渐走近"圆"。

　　生：老师，如果用圆规画圆，我能保证画得特别圆。（边说边拿圆规比画着画圆的过程）大家看，圆规两只脚叉开，旋转的时候这段距离是不变的，所以画得就圆。

　　生：我知道了，拉紧的绳子就好像圆规两只脚叉开的距离，是不变的。刚才老师画的时候绳子松了一下，这之间的距离就变了，所以圆就不圆了。

　　生：这段距离就是半径。

　　接下来，吴老师请同学们把自己认为画得最圆的圆剪下来，通过画圆、剪圆，用自己的语言描述一下你心中的圆。

生：圆的边是弯的，剪的时候要弯弯地剪。

生：我在画圆的时候发现圆是由一条边围成的，比如一条绳子、一段铁丝可以围成一个圆。

生：圆和过去学习的图形不一样，它的边是由曲线围成的。

生：画圆的时候不管是用绳子，还是用圆规，它们叉开的一段距离是固定的，不能变化，不然就画不圆。

在这个过程中，虽然吴老师只是追问了一句话，但这句话就像钥匙一样，开启了学生的智慧之门，为学生指明了思考的方向。在对话中，学生不断地受到启发，不断地思考。交流的过程是学生相互补充、相互提示的过程。

2. 新颖、创新的设计，开发学生的潜能

儿童具有创造的潜能，如果教师能把学习的主动权真正交给学生，那么，学生就会逐步走向爱学、会学、善学。儿童的创新意识，需要我们教师去保护，去激发。在吴老师的课堂上，这种保护和激发是在对话中自然形成的。

### 《面积单位》教学片段

吴老师首先设计了一个小小的活动：做两张卡片，一张卡片上有12个大小相同的方格，另一张卡片上有6个大小相同的方格，其实两张卡片一样大，但学生不知道。课上吴老师先让男生看有12个方格的卡片，让女生看有6个方格的卡片，然后让学生交流，说一说哪张卡片的面积大。

生：男生看的那张纸大，因为有12个格子。

这时，吴老师巧妙地把女生的那张卡片在6个格子的基础上变成了24个格子。

生：老师偏心！

师：怎么偏心？

生：女生的那张格子小。

生：要画一样大的格子。

师：你为什么想画一样大的格子呢？

生：一样大的格子标准一样，好数呀。

师：（微笑着）你发现了一个特别有价值的问题，人们在日常生活、生产中表示面积大小的时候，需要用一样大的格子来进行测量。

接着，吴老师介绍了"$1dm^2$"是多大，然后让学生测量，有的测量桌面，有的测量椅子的面，有的测量黑板的面。更有趣的是，当吴老师让学生拿着纸条去测量教室地面时，40名学生有39名跃跃欲试，开始活动，只有1名学生没动。

师：你为什么不去？

生：这么大的地面，这么小的纸片，怎么量？量不完就该下课了。

此时已有3名学生搬起了桌子。

师：你们这是干什么？

生：把桌子反过来能测量，桌子比纸片大，可以量得快一些。

生：老师，您有大的东西吗？

接着，又有2名学生向吴老师要"大东西"。吴老师知道他们已萌发出需要一种大面积单位的意识，却故意做出遗憾的样子。

师：不知道你们要的大东西是什么，也不知道其他同学是否也需要？

又跑来十几名学生，向吴老师要"平方万分米"。

师：我也不知道哪儿有这个"平方万分米"呀。

生：老师，你有"平方米"吗？

师：这个我真的有。你怎么想起来的？

生：有"分米"，就有"米"。有"平方分米"，就该有"平方米"。

师：你的想法很有道理，快把同学们请回来，我给你们介绍。

师：同学们，你们自己发现了，要测量大一点的面积，就要用到大一点的面积单位。这个大一点的面积单位叫"平方米"。

当学生遇到了问题，吴老师并不是直接告诉学生答案，而是不断地追问学生的想法，追问学生的需求，逐渐地把学生的思考引向深入——创造大的面积单位。吴老师精心预设的课堂，生动地诠释了"儿童的潜力很大"。

## 三、在对话中创设思维交流的课堂

任何一位教师的课堂都有"对话"，一些教师在课堂上与学生的"对话"只是问"对吗""是不是""明白了吗"，学生一齐回答"对""是""明白了"。这些表层的对话，并不能让学生碰撞出思维的火花。而心灵的沟通，真诚的对话，才是真正开启智慧的源泉。这种对话是有温度的，是能碰撞出火花的。

1. 体验式交流——寻找知识的本质

吴老师的课堂总是充满了智慧的对话，在对话中，学生的思维与老师的思维不断地碰撞，在碰撞中，学生不断地理解、感悟知识的本质。

**《相遇问题》教学片段**

吴老师请两位同学表演"相遇"。两位同学越走越近，最后面对面停了下来。吴老师迅速一手拉一个，让他俩"碰"了一下。

师：（爽朗地）这才是相遇呢，中间还有距离能算相遇吗？

看着这生动的场面，同学们开心地笑了。

当两位同学表演"同时相对"走来时，吴老师又提问了。

师：张三，你走了几分钟？

生：5分钟。

师：李四，你走了几分钟？

生：5分钟。

师：（面向全班）张三、李四同时走了几分钟？

全班异口同声：10分钟。（这正是学生对"同时"理解的偏差）

师：（故意提高了声调，拖长了声音）是10分钟吗？回忆一下他们是怎么走的?

生:同时。

生:不是10分钟,是5分钟!

同学们终于醒悟了。

在简短的师生对话中,吴老师能够抓住学生思维中的偏差,循循善诱。在对话中,学生不断地感悟、思考,最终理解了知识的本质。吴老师的魅力不仅仅是和蔼可亲,更在于她了解学生的所思所想,用对话的方式,帮助学生理解知识的本质。

2. 递进式交流——感受知识的严谨

吴老师的课堂就像一个开放的"大舞台",每个学生都可以"上台表演"。课堂上的吴老师鼓励学生质疑问难,引导学生探索发现。吴老师总是能用轻松的话语打动学生的心灵,让学生的思维在对话中变得更加严谨。

在学习《长方体、正方体的认识》时,吴老师强调根据几何元素去观察,她给学生长短不同的小棒,让学生根据长方体、正方体的特征选择小棒拼成一个正方体的框架。

对长方体、正方体来说,构成元素就是面、棱和顶点,其中个数和关系是元素的思考维度。吴老师引导学生按照面、棱、顶点的次序,通过比较长方体、正方体的特征,说说它们的相同点和不同点,并整理成表格。

| 形体 | 相同点 | | | 不同点 | | |
|---|---|---|---|---|---|---|
| | 面 | 棱 | 顶点 | 面的形状 | 面积 | 棱长 |
| 长方体 | 6个 | 12条 | 8个 | 6个面都是长方形(特殊情况有两个相对的面是正方形) | 相对的面的面积相等 | 每一组互相平行的四条棱的长度相等 |
| 正方体 | 6个 | 12条 | 8个 | 6个面都是正方形 | 6个面的面积都相等 | 12条棱的长度都相等 |

我们认为这样就可以说是圆满地完成了教学任务，但是吴老师却没有结束这一部分的教学，在学生理解这些之后，她接着追问了三个问题：

师：长方体、正方体的相同点和不同点，我们已经找到了，那么长方体和正方体之间有什么关系呢？

生：正方体是特殊的长方体。我们可以用集合圈来表示。（如下图）

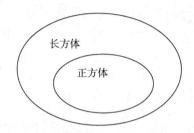

师：你是怎么想的？

生：在学习平面图形时，我们知道了正方形是特殊的长方形，长方形是特殊的平行四边形。

生：我由长方形、正方形的关系可以推知正方体是特殊的长方体。

生：长方体中也可能有两个面是正方形，这样的长方体是特殊的长方体，所以我猜想正方体是特殊的长方体。

师：用所学知识产生猜想，解决了新问题，真会学习！解决了这个问题，我还想问大家，每个面有4条边，六个面应该有24条棱，为什么只有12条棱？

生：因为两个面相交的是棱，有些棱既是上面的，也是左面的，既是下面的，也是右面的，我们只能算1条。

师：明白了，你的意思是说每一条棱都在两个不同的面，每一条棱都数了2次，所以24÷2=12（条）。

师：我还有一个问题，3条棱相交于一个顶点，为什么不是4个顶点？

生：因为有些棱是重复用的。

师：哪些棱重复用了？重复用了几次？

生：每条棱都重复用了2次。

追问的问题都是为了进一步强调"面、棱、顶点"这三个几何元素之间的关系，这些问题有助于学生既知其然更知其所以然，有助于学生用联系的观点看问题，有助于发展学生的空间观念，这样的递进式交流使学生思考问题更深刻。

教学效果的好坏取决于教师对数学教学的核心——数学问题思考价值的把握程度，教师要善于抓住事物的本质，在教学中要努力凸显数学思考。

### 3. 多角度交流——呈现解题的策略

在吴老师的眼中，每个孩子都有学数学的能力。虽然他们的知识经验、生活经验不同，但是每个人的思维都能在交流中得到提升和发展。我们应该正确对待学生的这种差异，并充分利用这种差异，让不同层次的学生得到不同的发展。下面是吴老师和学生共同解决的一道实际问题。

姐妹俩共有故事书52本，姐姐本数的$\frac{1}{3}$和妹妹的$\frac{1}{10}$相等。姐妹俩各有故事书多少本？

这个问题是一道出现了不同单位"1"的分数应用题，对学生的思维具有一定的挑战性。吴老师是怎样引导学生利用多种方法解决的呢？

方法1：直观列举条件，用"份"来解答。

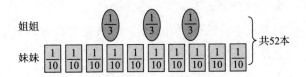

师：你能给大家解释一下这个图吗？

生：根据题意，把$\frac{1}{3}$换成$\frac{1}{10}$，就转化成了"份"，问题就容易解决了。

师：转化的方法是数学中常用的方法。我们可以把复杂问题转化成简单问题，可以把新知识转化为旧知识等。谁能再说说自己的想法？

生：把分数转化成"份"，这样就相当于把52平均分成13份，姐姐占3份，妹妹占10份。列式为52÷13×3＝12（本），这就是姐姐故事书的本数，再从52中减去姐姐的12本，剩下的40本就是妹妹的。

吴老师通过学生的作品挖掘他们的思维，使他们的思维外显，对他们进行转化思想的点拨和提升。

方法2：列表尝试法。

| 姐姐 | 妹妹 | 总和 |
|---|---|---|
| 3 | 10 | 13 |
| 6 | 20 | 26 |
| 9 | 30 | 39 |
| 12 | 40 | 52 |

师：看了这个列表尝试的方法，大家有什么疑问？

生：为什么设姐姐有3本书，妹妹有10本？设姐姐有1本书行吗？

师：问得好，哪位同学能解答这个问题？

生：把姐姐的书设为3本，这样算起来方便。如果把姐姐的本数设为1的话，妹妹的书就是3本多一点，那就太麻烦了。

师：对，不是不能设姐姐有1本书，只是那样列举就麻烦了，无论是算起来还是写出来都不方便。

学生交流之后，吴老师进行了总结："把姐姐的图书看作3的倍数，那么妹妹的图书就是10的倍数，这是一种简单的枚举。列表尝试时设什么数是需要思考的，任意设数会把事情变复杂。"

方法3：利用线段图理解分数的意义，用"份"来解决问题。

师：这道题你是怎么想的？

生：我画的是线段图，通过画图可以知道姐姐本数的$\frac{1}{3}$和妹妹的$\frac{1}{10}$相等，说明姐姐有3份，妹妹有10份。

生：把52本书平均分成13份，姐姐占3份，妹妹占10份，可以用平均分的方法来解这道题。

师：是呀，除法、分数有着紧密的联系。通过画线段图，可以把这种复杂的数量关系变得简单明了，画图是一种非常好的方法。

借助图形解决问题，通常先把研究的对象"抽象"成为图形，再把"对象之间的关系"转化为"图形之间的关系"，最后借助直观图形进行思考、分析数量关系并解决问题。图形可以将抽象的数学问题直观化、可视化，帮助我们发现、描述所研究的问题，找到解决问题的思路。

吴老师抓住学生的精彩并放大，使之成为大家共享的精彩。整个过程共展示了三种解题方法，吴老师根据学生不同的解题方法，引导学生进行方法的交流，让不同层次的学生在交流中共享智慧，不断受到启发，思维不断得到发展。

吴老师总是能够贴近学生的心灵，用真诚与学生对话，呵护着学生的成长与学习的渴望。

**(1) 真诚的对话打动每一个学生的心灵**

教育是一份呵护，是一种成全。对课堂而言，交流是在爱的温暖下的动态过程，如果没有爱的驱动，没有进入儿童内心，哪来的"心心相印"？没有真诚的交流，就不会有一双双小手举起，就不会有孩子对数学的喜爱，就不会有学生对老师的恋恋不舍。

**(2) 真诚的对话解决每一个学生的困惑**

吴老师在课堂上给学生创设敢说的氛围，她从不轻易否定学生的答案，也从不强迫学生认同，这样既能使老师了解学生的需求，又能知道学生的困惑，进而有针对性地设计活动，回应学生的需求，解决学生的疑惑。

(3) **真诚的对话激发每一个学生的思考**

课堂教学是教师与学生、学生与学生之间思想碰撞和情感交流的过程。只有在真诚对话的课堂中，才能产生心灵的对话，才能让学生在轻松的氛围中思考，体验思考的快乐。也只有在真诚对话的课堂中，学生才能产生思维的碰撞，才能在增长知识的同时，感受成长的快乐，这种境界是课堂的至高追求。

在真诚交流的对话课堂中，吴老师不仅传授知识，启迪智慧，并且创造了一个属于学生的精彩世界。在真诚交流的对话课堂中，我们感受着孩子们思考的快乐，被孩子们的创造思维所打动。

（张秋爽　崔晓纯　李朝霞　张丽）

# *10.* 着眼未来的发展课堂

华东师范大学教授叶澜曾指出:"课堂教学应被看作师生人生中一段重要的生命经历,是他们生命的有意义的构成部分。对于学生而言,课堂教学是其学校生命的最基本的构成部分,它的质量,直接影响学生当前及以后的多方面发展和成长。"

一节好课应该是能够打动人心、着眼学生未来发展的。很多孩子喜欢上吴老师的课,总觉得 40 分钟太短,下课后也久久不肯离开,依依不舍地围着吴老师。吴老师的课自然、真实、质朴,充满真情互动,智慧碰撞。她用亲切的笑容让孩子轻松地走进课堂,她用鼓励的话语帮助孩子树立自信心,她用真情引领孩子走进数学王国,用数学的真谛来滋润孩子们的心灵。

人们常说:"种瓜得瓜,种豆得豆。"教师就是播种者,播下什么种子,就会收获什么成果。在吴老师的课堂上,她为孩子们播下的永远是智慧的种子、思想的种子、创新的种子和希望的种子,孩子们在课堂上幸福地收获着、成长着。

## 一、在趣味中学习,关注学生的情感发展

《义务教育数学课程标准(2022 年版)》中谈道:有效的教学活动是学生学和教师教的统一,学生是学习的主体,教师是学习的组织者、引导者与合作者。学生的学习应是一个主动的过程,认真听讲、独立思考、动手实践、自主探索、合作交流等是学习数学的重要方式。教学活动应注重启发式,激发学生学习兴趣,引发学生积极思考,鼓励学生质疑问难,引导学生在真实情境中发现问题和提出问题,利用观察、猜测、实验、计算、推理、验证、数据分析、

直观想象等方法分析问题和解决问题；促进学生理解和掌握数学的基础知识和基本技能，体会和运用数学的思想与方法，获得数学的基本活动经验；培养学生良好的学习习惯，形成积极的情感、态度和价值观，逐步形成核心素养。

　　吴老师总是在课堂上为学生创设各种问题情境，放手让他们自己去尝试、探究、猜想、思考。探索往往是要走弯路的，会出现这样或那样的错误，但是孩子们乐此不疲！孩子们喜欢上吴老师的数学课，上课时想说就说，说错了也能得到关注，说对了一小部分也能受到表扬，回答有创造性还能得到特别的奖励……这是一个容易使人产生亲切感的环境，这样的环境能充分激发学生的学习兴趣，唤起学生的需求，培养他们的问题意识、质疑习惯以及克服困难的勇气。

　　　　师：对于圆，同学们有了一些了解，请把你知道的介绍给大家。
　　　　生：圆里有圆心、直径和半径。
　　　　生：我知道怎样画圆。
　　　　生：圆心用字母O来表示。
　　　　生：我知道直径是半径的2倍。
　　　　……
　　　　师：对于圆，你还有什么想要研究的问题或者有什么困惑吗？
　　　　生：大自然中为什么有那么多圆的东西？为什么很多东西要制成圆的？
　　　　师：你提了一个很有价值的问题，是啊，为什么世界上有这么多圆，圆真的很神奇吗？学习它到底有什么用？
　　　　生：我很想了解圆有哪些特点。
　　　　生：我想知道圆的面积怎么计算。
　　　　生：我想知道圆周率是怎么回事。
　　　　……
　　　　师：看来同学们对圆充满了好奇和渴望，今天我们就一起走进美妙而神奇的圆的世界，来认识圆、了解圆。

　　这就是吴老师的新课引入，在短短的几分钟内，她不仅了解了学生的需求,更激发了学生的求知欲望,这才是真正的教育!真正的教育是满足需求、回应需求并引领需求的教育。

## 二、在理解中学习,关注学生的思维发展

著名心理学家皮亚杰说:"儿童的思维是从动作开始的,切断动作与思维的联系,思维就不能得到发展。"对具体形象思维占优势的小学生来说,听过了,就忘记了;看过了,就明白了;做过了,就理解了。他们最深刻的体验莫过于自己双手实践过的东西。智慧出在指尖上,动手操作是智力的源泉,思维的起点,更是数学教学的好帮手。吴老师在课堂上时常让学生动手试一试,让他们在操作中学习数学,理解知识。

《长方体、正方体的认识》教学片段

吴老师在课堂上安排了三个环节:

环节 1:让学生拿长方体和正方体的盒子说明它们面、棱、顶点的个数及特点。

环节 2:给学生若干根长度不一的小棒,让他们搭成长方体、正方体的框架。

环节 3:一个长是 25 厘米、宽是 5 厘米、高 3 厘米的长方体是什么样的?能举个例子说说吗?

在整个动手实践探究的过程中,吴老师给了学生自由发挥的空间,让学生在宽松的氛围里感受数学知识的无穷魅力。环节 1 让学生从实物入手,在摸一摸、想一想、比一比中感受长方体和正方体的特征;环节 2 让学生在动手操作中进一步理解长方体和正方体的特征;环节 3 让学生展开想象,培育学生的空间观念。

在这三个环节中,我们清晰地看到吴老师利用了多元表征的理论,让学生从多方面去理解和感悟图形的特征,把操作和思考紧密结合,把动手和理解概念进行巧妙对接。通过操作,让学生亲身去经历,并在操作中积累数学

活动经验,形成表象,为抽象概念的理解提供感性支撑。

有人说,"教书有三个境界:第一个境界是教知识,第二个境界是教方法,第三个境界是教思想"。由此可见数学思想的重要性。数学思想方法是学生认识事物、学习数学的基本依据,是处理数学问题的指导思想和基本策略,是学生数学素养的核心,是数学学习的灵魂。在教学中渗透数学思想方法,可以使学生自觉地将数学知识转化为数学能力,最终通过自身的学习转化为创造能力。

## 《乘法分配律》教学片段

吴老师设计了三个问题情境,让学生在用两种不同的方法解决问题的过程中,感受两种方法之间的联系与区别,帮助学生从具体情境中进行抽象概括。

情境1:

六一儿童节,学校为同学买了5套服装。每件上衣100元,每条裤子60元,一共要付多少元?你怎样计算?(请画图表示出思考过程)

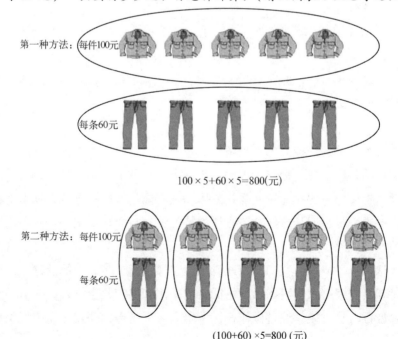

情境2：

四年级同学美化校园，要给一块长方形花坛种上花，每班派出男生15人，女生10人，5个班一共有多少同学参加这次活动？

学生在解答这个问题时，采用了两种方法：一种方法是（15＋10）×5，另一种方法是15×5＋10×5。

当吴老师问学生这两个算式可否用"＝"来连接时，学生果断地回答"没问题"，这表明学生能够从乘法意义的角度来进行解释和说明，他们的思维也从关注两个算式的结果转移到关注它们之间的关系。

情境3：

师：你能算出这块长方形地的面积吗？

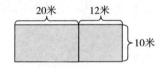

观察以下三个算式，你发现了什么？你能用自己的方式表示它们共同的规律吗？（学生独立思考，再交流。）

（100＋60）×5＝100×5＋60×5

（15＋10）×5＝15×5＋10×5

（20＋12）×10＝20×10＋12×10

生：我发现两个数的和与一个数相乘，就是把这两个数分别先和它相乘，最后把所得的积加起来。

学生用自己的符号表示了对这一规律的理解：

（甲＋乙）×丙＝甲×丙＋乙×丙

（○＋△）×☆＝○×☆＋△×☆

$(a+b) \times c = a \times c + b \times c$

在这样的思考与练习过程中，学生从关注一个个的算式，到逐步脱离某个具体的数，直至发现一类事物之间的共同特点，他们感受到用具体数来表示的局限性，产生了用文字、符号、字母等形式表示的需要。此时，学生慢慢触及了等式内在结构变化的本质。在这一过程中，吴老师让学生进行抽象和概括，用自己的方式诠释对这一个乘法运算定律的理解。

数学的基本思想包括抽象、推理和模型。吴老师从学生熟知的具体情境入手，处理了直接经验和间接经验的关系，让学生从关注结果到关注两个算式之间的关系，再从几个算式中概括出事物的本质，这就是数学的基本思想之一——抽象。

在课堂上渗透数学的基本思想并非一朝一夕之功，而是需要教师精心设计，在情境和素材中有意识地渗透。吴老师在课堂上对学生进行数学思想的渗透，总是让我们感觉如涓涓溪流，清新自然，水到渠成。

## 三、在应用中学，关注学生的能力发展

《义务教育数学课程标准（2022年版）》指出：应用意识主要是指有意识地利用数学的概念、原理和方法解释现实世界中的现象与规律，解决现实世界中的问题。能够感悟现实生活中蕴含着大量的与数量和图形有关的问题，可以用数学的方法予以解决；初步了解数学作为一种通用的科学语言在其他学科中的应用，通过跨学科主题学习建立不同学科之间的联系。应用意识有助于用学过的知识和方法解决简单的实际问题，养成理论联系实际的习惯，发展实践能力。

"校门口红绿灯到底设置多长时间合适呢？"

在解决问题时，需要先调查，调查之前要做好规划和各种准备，如收集什么数据，什么时间去收集，怎么收集，小组如何分工，需要准备什么工具，包括记录单、照相机、录像、录音的设备等。

为了缓解早晨、晚上交通堵塞，让学生在较短的时间内快速有序进校，需要调试学校门口的红绿灯设置时间。"校门口红绿灯到底设置多长时间合适呢？"这样一个真实的问题引发学生调查研究收集数据的需

要。吴老师敏锐地捕捉了问题，带着学生现场观察、收集数据，发现问题：东西方向和南北方向红绿灯时长是相同的，可是却出现了南北方向车多拥堵，车子还没过完就变红灯了，而东西方向的车却寥寥无几，白白浪费了绿灯时间。如何使东西方向和南北方向的车辆都能快速有序地通过学校门口，让学生在有限时间内安全进学校？如何设置十字路口不同方向红绿灯的时长？这是急需解决的问题。该怎么解决呢？

去现场调查，调查之前要做好规划，如收集数据。要思考收集什么时间的数据，收集什么道路走向的车辆，怎么收集汽车的数量，还要思考收集不同类型车辆的数据等。吴老师带着学生设计方案，考虑到不同时间段的车流量、不同方向的车流量以及不同车型等数据。

（1）收集不同时段（早晨7:30~8:00；中午12:00~12:30；下午5:30~6:00）车流量的数据；

（2）收集不同方向（东西方向、南北方向）车流量的数据；

（3）收集不同类型的车辆（小轿车、面包车、客车、货车）的数据……

把收集的数据进行整理和分析，为合理设置红绿灯时长的决策提供依据。收集的数据以统计表的方式呈现出来，这样可以清楚地了解数据中的信息，进一步感悟从不同维度收集数据的意义，也体现了数据分类的价值，提高学生用数学语言记录生活事件，以统计思维处理数据、整理数据、分析数据的能力。

这就是从现实生活中发现和提出问题，将书本知识与学生的生活世界沟通起来，在解决问题的过程中不仅强化了数学知识的应用，更重要的是让学生经历了会想事、会做事的全过程，从而获得丰富的活动经验。这难道不比做几道练习题更能让学生体会到数学的价值、促进学生对数学本质的理解？

从现实世界中抽象出数学问题，培养学生的问题解决能力，一定要让学生像上述案例那样"做数学"。"做数学"具有以下特点：让学生动手实践，从周围生活取材；让学生主动学习；培养学生的学习方法、思维方法、学习态度；活动有主题、有时空；提倡合作交流。

## 《平移和旋转》教学片段

《平移和旋转》一课，在学生初步领会了平移和旋转的特点之后，吴老师将一张卡通人物图片贴在黑板上，让学生听口令移动卡片，如向上平移，向左平移，向右平移……在这样的平移过程中，吴老师有意识地引导学生观察图片自身的方向，让学生发现在平移的过程中，图片自身的方向始终是没有变化的。

接着又出了一个有趣的题目："你是一名出租车调度员，你的任务就是应乘客要求，调度车辆到达客户指定的地点。"

明确任务之后，学生开始执行各自的任务——选择好路线，接乘客。
……

活动结束后，教师组织学生进行交流。

生：如果要接顾客A，汽车要先向左平移5格，再向下平移6格。

生：也可以先向下平移6格，再向左平移5格。

生：我要先向左平移，再斜着过来。

吴老师追问道："为什么这么走？"

生：这样最近！

吴老师用欣赏的眼光看着他说："非常好，如果有这样一条路，我一定这样走！"

在吴老师的启发下，学生还想出了多种方案。

有趣的活动，生动的生活情境，激发了学生的兴趣，更激活了学生的思维，他们在活动中思考着：这就是平移，这就是旋转。

发现和提出问题是创新的基础。情境中蕴藏着引发思考的数学信息，让学生从情境中提炼出数学问题，作为数学探索的切入点，有利于学生在自然的状态下，从生活向数学过渡，为发展学生的应用意识打下坚实的基础。

其实，任何知识在生活中都是有价值的。在数学教学中培养学生的应用意识，就要从"数学"与"生活"的密切联系入手，正如吴老师所说："我们应该走一条数学教学与生活实际密切结合的教学之路。"

在学完长方形、正方形周长和面积的知识之后，吴老师给学生出了以下的题目：

阿凡提给大财主巴依老爷家放羊，巴依老爷非常吝啬，经常拖欠阿凡提的工钱，还在工料方面为难阿凡提。这天，阿凡提赶着羊回到财主家，巴依老爷要他把羊赶到长10米、宽2米的长方形羊圈内。可是羊群的占地面积需要36平方米，这个长方形的羊圈根本容纳不了这么多羊。吝啬的巴依老爷说："我不管，如果你要改造，就得自己花钱去买材料做围栏。"你知道阿凡提是怎么做的吗？（动手画一画，做一做。）

刚开始拿到这道题，一部分孩子手拿着笔，面面相觑，不知如何下手。吴老师提示大家："先要理解题意，题目中说一个长方形羊圈的长是10米，宽是2米，却要装下占地面积为36平方米的羊群。怎么办呢？买不买材料？"

生：一个长方形羊圈的长是10米，宽是2米，面积是20平方米，可羊群的占地面积是36平方米，那么这个长方形的长可能是18米，宽可能是2米。因此，需要再买16米的材料才能装得下羊群。

生：羊圈的占地面积是36平方米，那么这个长方形的长可能是9米，宽是4米。因此，需要再买2米的材料才能装得下羊群。

师：想得好！自己买的材料越来越少了，你还能想到其他的办法吗？

生：羊圈的占地面积是36平方米，还可以是一个正方形，正方形的边长是6米。这样就不用买材料了，正好能把羊群全部放进去。

由此可见，学生的确开动了脑筋，思考也比较深入了。换作我们，可能到这儿就该"鸣金收兵"了，谁知吴老师又有了新的问题，这个点睛之问，问出了学生的活动经验，问出了学生多角度的思维，问出了课堂的精彩。

师：谁有办法能让阿凡提既不买材料，又能让羊群自由自在地生活呢？

生：您的问题是不买材料，能让羊圈的面积越来越大，比36平方米还大？

师：对，明确问题，理解题意，非常重要，这就是所谓"磨刀不误砍柴工"！

生：您的问题有难度，因为我们曾经学过，在周长一定的情况下，围成的正方形面积比围成的长方形面积大。我们已经围成了边长为6米的正方形，怎么还能围更大的面积呢？

师：是呀，说得也有道理。可我们能换个角度想问题吗？小组一起商量商量。

生：我觉得可以，没那么多材料，我们可以借一面墙。

忽然间，大家觉得仿佛打开了一扇窗，眼睛一亮，纷纷举起了小手。

师：你是怎样想到这个办法的？

生：我在爷爷家见过借用一面墙围成的小菜园。

师：看来生活经验和活动经验对我们想问题、解决问题都是有好处的。

生：我们可以借用一面墙，这样材料不就有剩余了吗？

师：下面你们小组成员一起尝试，可以画画图，然后我们进行交流。

方法1：我们想借用的墙的长度是4米，那么（10+2）×2-4，剩下20米，就是两条长的和，这样就可以围成一个长10米、宽4米的长方形，面积是40平方米的羊圈。

方法2：我们想借用的墙长度是6米，那么（10+2）×2-6，剩下18米，就是两条长的和，这样就可以围成一个长9米、宽6米的长方形，面积是54平方米的羊圈。

方法3：我们想借用的墙长度是8米，那么（10+2）×2-8，剩下16米，就是两条长的和，这样就可以围成一个面积是64平方米的正方形羊圈。

方法4：我们想借用的墙长度是10米，那么（10+2）×2-10，剩下14米，就是两条宽的和，这样就可以围成一个长10米、宽7米的长方形，面积是70平方米的羊圈。

还有的小组想接着说，不料被一个新的想法打断——我们还可以借助两面墙……

吴老师用一个非常有趣的小故事作为情境，把数学知识和解决实际问题紧密联系起来，让学生在新情境中进一步深入理解概念，体会数学学习的价值。这道题目属于"探索规律"的内容。探索规律是一个发现关系、发展思维的过程，有利于学生夯实基础，培养创新能力。

走进吴老师的课堂，我们不难看出，吴老师始终把学生看成是发展中的人，她认为学生是有潜力的人，每个人都带着成为天才人物的潜力来到人世，并且带着各自的生活经验、兴趣爱好，带着属于他们自己的智慧走进学校，等待老师帮他们开启潜能的大门，帮助他们挖掘自身的宝藏。因此，我们教育者要着眼于孩子的未来，千方百计地启迪学生的智慧，让学生在学习数学的过程中享受数学的美、发现数学的神奇、体验数学的趣味、感悟数学的应用价值。

（张秋爽　张萍　王秀杰　孟颖）

# 附录1 《搭配》教学实录

**执教：**吴正宪
**实录：**李继东
**评析：**张秋爽　梁艳

## 一、创设情境，激发兴趣

### 1. 情境引入，设计陷阱

师：同学们，每天起床要做什么？

生：穿衣服、吃早饭、背书包去上学。

师：穿衣服、吃饭、走路，这些事情中有没有需要我们研究的数学问题呢？今天，我们就一起来研究这些生活小事中蕴含的数学问题。

师：张小兰同学就遇到了一些问题。我们一起来看一看。

（在黑板上随意摆出三张卡片：一条裙子、不同的两件上衣。）

**【感悟精彩】**

吴老师选用穿衣服的情境帮助学生学习搭配。这个场景学生太熟悉了，直接和学生的生活经验对接，没有距离。衣服图片随意摆放也是有深意的，吴老师用杂乱摆放的图片为孩子创设了一个有趣的问题。通过对以往《搭配问题》教学的研究与思考，吴老师发现学生不能准确解决问题的难点并不在于如何连线，而在于能否准确地把相关素材分类，进行有序思考，也就是连线前的环节。当把上衣、裤子图分成两类呈现时，学生都能比较顺利地找到搭配的方法。但是，当把上衣、裤子图片杂乱地摆放时，有些同学就不知如何搭配了。所以，教师只有准确地把握了学生在学习过程中的难点，才能在教学过程中做出有效的预设和合理的调控。

2. 区分种类，便于交流

师：一条是裙子，另外两件都是上衣，怎样区分？

生：可以把长袖的叫长衣，短袖的叫短衣。

师：（在黑板上随意摆出长裤与短裤图片）这两件怎样才能区分得更清楚？

生：可以叫长裤和短裤。

师：好，为了我们交流方便，大家给这些服装起了不同的名字。

**【感悟精彩】**

简洁的生活语言，乍一看是便于表达，最重要的是培养学生的条理性。这样，既便于教师把握学生的认知起点，同时也便于学生记录、交流。

## 二、独立思考，动手操作

师：穿一件上装和一件下装，穿在一起算一种穿法，这些衣服共有多少种不同的穿法？请大家帮助张小兰设计一下。

学生有的在思考，有的在画图，有的在小声交流。

师：你认为有几种不同的穿法？

学生汇报出4种、5种、6种、7种、8种等不同的答案。

师：这些答案是你们看到问题之后通过想象得到的结论，下面请大家独立思考，把上装和下装搭配成不同穿法的过程记录下来，看看到底有几种不同的穿法。

师：如果在记录的过程中有字不会写怎么办？

生：用汉语拼音。

师：你们真有办法。好，下面就开始记录吧。

学生们在独立思考后选择不同的方法进行记录，老师在巡视过程中找出不同的记录方式，请学生到前面展台准备汇报。

**【感悟精彩】**

学生在独立思考的基础上有了答案，但吴老师并没有急于对正确结论进行诠释，而是让学生把搭配的过程记录下来。这个过程既是学生对自己的答案反思的过程，也是学生思维外显的过程，同时为互动交流准备了大量的可视素材。

## 三、互动讨论，探究规律

### 1. 交流方法，引发讨论

师：我们一起来讨论一下，大家是如何进行搭配的。一起看屏幕。

情况1：

> 我把一件长衣与一件短裤穿在一起，
> 再把一件长裤和一件短衣穿在一起，
> 再把一件短裤和一件长衣

生：我想把每种情况都写出来，但是还没写完。

情况2：

长衣和长裤、短衣和裙子、短衣和短裤。

生：我是用写字的方法，写出了3种。

展台前展示着"写不全"的同学们的作品。

情况3：

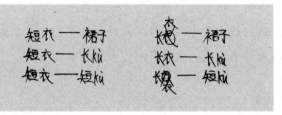

吴老师引导同学们把目光锁定在这位"写全了"的同学的作品上。

师：这是谁写的？请你给我们读一读好不好？

生：短衣配裙子，短衣配长裤，短衣配短裤……

师：喘一口气好不好？（吴老师有意识地请该生在此停顿一下）好，接着读——

生：长衣配裙子，长衣配长裤，长衣配短裤。

师：再喘一口气。（学生又一次停顿）这是几种？

生：6种。

师：刚才同学们展示出不同的搭配方法，到底能配几种？

生：（齐）6种。

【感悟精彩】

吴老师尊重学生的差异，让每一个学生都参与其中。差异就是资源，这三种文字记录法体现了学生不同的思考问题的方式。情况1，学生将自己想到的无序地写成了一片文字，既看不出规律，也显得混乱。情况2

也是如此，没有写全，不知道什么叫有序。情况3，学生以一件上衣为标准，分别去和下衣搭配，这样就写全了。

面对三位学生的不同方法，吴老师引导同学们讨论、反思、修正……展示的过程非常关键，展示什么，展示顺序是怎样的，都需要教师精心预设。

2. 制定"全"的标准，探究规律

师：对于前面几个同学的配法，你有什么想法？

生：前面几个同学在配的过程中一会儿用长衣，一会儿用长裤，配着配着就配糊涂了。

师："糊涂了"是什么意思？

生："糊涂了"就是弄乱了。

师：你说说他们是怎么弄乱的？

生：他们一会儿用长衣和长裤，一会儿又用短衣和短裤，一点儿规律也没有，所以就弄乱了。

（师板书：乱。）

师：我们再来做一个比较，看看第3种情况表示得乱不乱？

生：不乱。

生：他找全了。

生：他找齐了。

（师板书：齐。）

师：怎样才能从"乱"到"齐"呢？（引发同学们的再思考、再讨论）

【感悟精彩】

"对于前面几个同学的配法，你有什么想法？"这一提问为学生交流和反思提供了空间，一个"怎样才能从'乱'到'齐'"的提问又一次把学生推向主体学习探索的地位，使学生感悟了从"乱"到"齐"的过程。这就是本节课要体现的主旨——有序思考。

师：有的同学找着找着就找乱了，他是怎么找乱的？有的同学能够一次把各种情况都找齐了，他是怎么找齐的？这就是我们今天要好好研究的问题。（在"乱"和"齐"的后面画上问号）

师：通过观察这些同学汇报的结果，你发现了什么？

生：一会儿拿长裤一会儿拿短衣的就会乱，如果把长衣配什么和短衣配什么挨着弄出来就不会乱了。

师："挨着弄出来"是什么意思呀？

生："挨着弄出来"的意思就是把长衣拿出来，一个一个地配；然后再拿来短衣，一个一个地挨着配。

师：这样搭配还容易弄乱吗？

生：不容易弄乱了。

师：先把短衣拿出来。短衣与谁搭配？（用黑板上的学具边演示边引导学生学习）

生：短衣与裙子搭配，再与长裤搭配，最后与短裤搭配。

师：这就是你们所说的"挨着配"，对吗？（生点头表示同意）

生："挨着配"就是拿出短衣以后一个一个地与下装搭配。

师：短衣与下装都搭配完了，该做什么了？

生：把长衣与下装再一个一个地进行搭配。

（放好长衣学具后，有的学生开始把三件下装挪到长衣下面。）

师：（笑）又挪过来了？那短衣怎么办呀？有没有更好的方法？

生：可以用线连一连。

师：刚才谁汇报了三种搭配方案？你来连连看。

生：（齐声）短衣配裙子，短衣配长裤，短衣配短裤。

师：短衣配完了，该做什么了？

生：该配长衣了。

师：好，请一名刚才没搭配全的同学来连一连。

生：（齐声）长衣配裙子，长衣配长裤，长衣配短裤。

师：所有情况都配齐了吗？

生：配齐了。

师：这就是刚才你们说的"一个一个地挨着配"，对吗？

生：对。

师：这样进行搭配还乱不乱了？

生：不乱了。

**【感悟精彩】**

"挨着配"就是"有序"。吴老师能够读懂学生的语言，把学生的语言和所学知识巧妙对接。"挨着配"对学生来说是操作活动后的反思。在操作中有思考，学生不再是操作工，而是带着思想的探索者。

师：我们回过头再来看一看，最初汇报的第3种情况是不是这样搭配的呢？

生：是。他就是先拿出短衣配3种，再拿出长衣配3种的。

师：这样搭配就不乱了。可是我们再看其他几个同学，一会儿用短衣，一会用长裤，一会儿用裙子，这样的搭配方法有什么缺点？

生：容易乱。

师：那么，我们是怎样从"乱"到"不乱"的？

生：按照规律搭配就不乱了。

生：按照一定的顺序搭配就不乱了。

师：看来，搭配的秘密被你们发现了。一开始老师在黑板上摆得乱糟糟的，有些同学搭配起来也没有规律，现在我们让它们变得整齐了。从"乱"到"不乱"的过程就是按照一定的顺序，这个顺序也就是你们所说的"规律"。

【感悟精彩】

学生通过动手摆，体会搭配的过程，感悟"有序"，自己找到解决问题的策略——连线，避免了衣服来回来去地挪，这就是用数学语言记录操作的过程。

3. 渗透符号意识

师：刚才很多同学都用文字叙述来表示不同的搭配情况，我发现有些同学的记录方法与众不同。

出示两种记录方法：

师：这两种方法怎么样？

生：把图画出来的方法挺清楚的，但是第一个同学没有连线，第二个同学线画得有点乱。

师：画图的方法确实挺好的，可是老师发现有一个同学画的与其他同学的不一样。

出示：

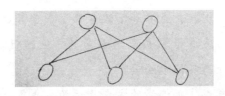

师：这种方法能不能表示出搭配的不同情况？

生：表示得不清楚，也不知道哪个是上衣哪个是下装。

师：这是谁搭配的？你能说说每个圆代表什么吗？

生：上面的两个圆，一个代表长衣，一个代表短衣；下面的三个圆分别代表裙子、长裤和短裤。

师：她自己知道，但我们不明白。你们有什么好的方法吗？

生：她可以把上衣和下装用不同的形状来表示。

师：怎样用不同的形状表示呢？

生：上衣可以用三角形，下装可以用圆形。

师：那你把它画出来好吗？

学生画图后出示：

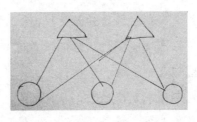

有的学生发出"哇"的声音。

师：你的"哇"是什么意思？

生：我能看出来这些图形不一样，可以很容易地区分出上衣和下装了。

师：你能说说它们都代表什么吗？

生：两个三角形代表上衣，三个圆代表下装。

师：这样画图有什么优点？

生：这样画图就把上衣和下装分开了，分开后就好搭配了。

师：用这种方法很容易表示不同的搭配情况。除了用前面两种方法表示外，还有其他方法吗？

生：我是用数字加连线的方式表示的。我用1和2表示上衣，3、4、5表示下装。

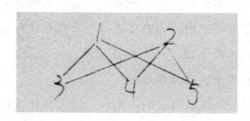

师：他的方法简便吗？

生：简便。

师：你们能给他提点儿意见吗？

生：你的1和2之间为什么不连线？

生1：1和2都是上衣，怎么能连线呢？

生：但是你并没有把它们区分开呀！（生1思考中……）

师：你们能帮他修改一下，让它们便于区分吗？

生：可以用图形表示上衣。

生：也可以用字母来表示上衣。

师：好极了，你来改一改。

学生动手把数字改成字母。

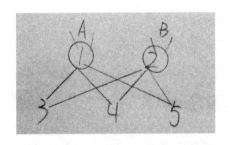

师：这种记录方式有什么好处？

生：用A、B表示上衣，用3、4、5表示下装，这样就把上衣和下装区分出来了。

师：分类有什么好处？

生：更清楚。

【感悟精彩】

交流过程中的"序"是需要老师事先预设的：先交流文字记录的，再交流图形记录的。文字记录从记录不全到记录完整的，图形记录主要应用的是连线法。图形记录可以利用实物、符号，其中符号又包括图形、数字和字母等。复杂的示意图—图形图—数字图—字母图，这些恰好成为老师授课中的一个重要资源，由此，学生明白了数学中经常用简单的文字、图形或数学符号表示数量关系，解决复杂的问题，体会到了数学的简约性。在吴老师的引导下，学生经历了从文字、实物到符号化的过程，从分类不清晰到清晰的过程。符号是学生进行数学表达和数学思考的重要形式。培养学生的符号意识有助于学生理解符号的使用，积累数学书面表达的经验。

4. 分析数量关系，感悟乘法原理

师：同学们，你们用了这么多不同的展示方法，真棒！无论大家用何种方法，怎样才能做到不遗漏也不重复？

生：要按照一定的顺序。

生：要按照规律挨着来搭配。

师：刚才没有搭配全的同学，你们有什么想法？

生：我发现搭配方式是有规律的，不能乱弄，按照一定的顺序就能够排好。

生：只要按照规律搭配，就不会重复也不会漏掉了。

师：刚才通过这个讨论，我们有了新的思考。我们可以用动作来表示一下。

师：短衣与下装搭配的时候，一下子搭配了几种情况？大家和老师一起来，短衣——"刷"，几种情况？（语言与动作结合）

生：3种。

师：我把它记录下来。（板书：3）

师：短衣搭配完了，再用长衣来搭配。长衣——"刷"，又搭配出几种情况？

生：又多了3种。

师：我再把它记录下来。（板书：3）

师：有的同学好像有了发现。如果再来一件上衣，预备——齐——"刷"。

学生与老师同时用手势和语言"刷"来表示3种搭配情况。

师：接下来我把这个同学的上衣借上来，预备——齐——

生："刷"，又多了3种。

师：这回吴老师的上衣也上去了，预备——齐——

生："刷"，又多了3种。

师：如果现在有9件上衣，能够搭配出多少种不同的情况？

生：27种。

师：你怎么这么快就得出结论了？

生：因为"三九二十七"。

生：因为有9个3种。

师：没想到9件上衣和3件下装搭配，你们都可以这么快算出结果。我们再从下装与上衣搭配的角度来看一看。请你也用手势和声音表示出来。

生：裙子和上衣——"刷"，2种。

生：长裤和上衣——"刷"，又是2种。短裤和上衣——"刷"，又是2种。

（师依次板书：2，2，2。）

师：又来了一个短裤。

生："刷"，又多了2种。

师：现在有10件下装，能和这2件上衣搭配出多少种不同的情况？

生：$2 \times 10 = 20$ 种。

师：看来，同学们在"刷、刷、刷"中又发现了规律。

**【感悟精彩】**

教师手中不同颜色的粉笔、学生的动手操作和师生"刷、刷、刷"的语言表达，让学生的多种感官参与活动，使学生体会到这样的搭配问题就是几个几的问题。吴老师从两个不同的角度（从上衣开始搭配，就是3个2；从下衣开始搭配，就是2个3）让学生体会着"乘法意义"，与这类问题的关联。一旦学生的感悟充分了，他们对算法的理解也就水到渠成了。

5. 迁移拓展，发散思维

师：下面我们不说"穿"了，我们改说"吃"。每天我们上学前都要吃早点，如果把两件上衣分别改成"牛奶"和"豆浆"，三件下装分别变成"包子""油条""面包"，一种饮料与一种主食搭配算作一种情况，有多少种不同的搭配方法？

生：6种。

师：你是怎样这么快得出结论的？

生：这道题虽然是吃的问题，但是与刚才的问题的道理是一样的。

师：你们很会思考问题。

师：吃过早点之后，我们应该做什么了？

生：上学去。

师：上学路上还会有关于搭配的问题吗？

师：小东同学每天去上学的路上，都要路过一个图书馆。从家到图书馆有三条路，这三条路可以怎样表示？

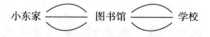

生：可以用1、2、3来表示。（师标注）

师：从图书馆到学校也有三条路，可以怎样表示？

生2：可以用4、5、6表示。

生：用4、5、6表示不好，不容易与前面的路区分，应该用a、b、c。

师：（问生2）你觉得呢？

生2：我同意他的意见。

师：小东同学要从家路过图书馆到学校，有多少种不同的走法？

教师请一个对第一个问题只做了两种搭配的学生到黑板前给其他同学进行讲解。

生：可以走的路线有1a、1b、1c——

师：大家一起帮他喘口气。

生：（齐）哎！

生：还有2a、2b、2c——

生：（齐）哎！

生：最后是3a、3b、3c。

生：（齐）哎！

师：一共几种？

生：9种。

师：你们有什么想法？

生：只要有顺序地找，就能找得不多也不少。

生：一个一个地挨着找，才不容易找错。

生：找的时候一定要有规律，这样才能够把所有的情况都找齐。

**【感悟精彩】**

在新情境中运用所学知识就是巩固和应用的过程，这样的过程并不是简单的模仿，而是学生已有知识、方法和策略的迁移过程，体现了学生对所学知识的理解程度，有利于培养学生的模型意识。

做事情有序思考的价值在于不重复、不遗漏。这两点在课堂教学过程中学生体会到了，感悟到了，学生对过程的理解水到渠成，这样的过程不可以没有！

## 四、总结提升，育人为本

师：同学们，马上就要下课了，你有收获吗？请把你的收获讲给同伴听。

生：我的收获是做什么事都要有规律，不能够没有顺序。

生：在生活中遇到搭配的问题，就可以利用今天学的知识解决。

生：我觉得用图形和字母表示这个过程比较简便、清楚。

生：我学会了搭配的方法。

生：这节课我非常开心。

……

**【感悟精彩】**

吴老师的课堂给学生留下的是无尽的思考，他们并没有说学会了什么知识，而是对"有序""有用""有趣"给予了诠释。有序——本节课重点让学生感悟数学思考的方式；有用——数学的价值；有趣——激发了学生的学习兴趣、好奇心、质疑能力等。这些都是隐性知识，是不易考查的，然而这些恰恰是学生可持续发展不可缺少的核心素养。

# 附录2 《重叠问题》教学实录

**执教：**吴正宪
**实录：**张萍　赵莹
**评析：**张萍

## 一、"画"中看重叠

师：同学们，今天我们一起来看一道排队的问题：马小东从前面数是第5个，从后面数还是第5个，这个队一共多少个同学？

生：9个。

生：10个。

生：11个。

师：怎样才能弄明白？

生：站一站，排排队，数一数就知道了。

生：计算。

生：画图。

师：大家用自己喜欢的方法弄清楚。

教师找选择计算和画图的两位学生到黑板上板演，其他学生自己在练习本上解决。

学生画图如下：

吴老师和同学们一起数了数，这列队伍一共是9人。

师:"11"在哪儿？还有"11"吗？

说"11"的学生摇摇头。

师:"10"在哪儿？还有"10"吗？

说"10"的学生也摇摇头。

接下来吴老师引导同学们观察"5＋5－1＝9（人）"的算式，并问学生:"你能提出什么问题？"

生:"5"在哪儿？

生:第2个"5"在哪儿？

生:为什么要减"1"？

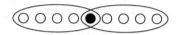

学生的问题越提越深刻。吴老师引领学生通过画圈解决了大家的疑问。

**【感悟精彩】**

吴老师从学生日常生活中的排队报数情境引入，让学生根据自己的思考，用自己喜欢的方法表示，可以画一画或者直接列算式计算，从而真正了解了学生的知识基础、已有经验，然后有的放矢地引导。她没有断然否定学生的错误做法，而是让学生自己结合图寻找错误原因，然后依据事实不断修正自己的错误认识，完善自己的认识过程。

## 二、"抢"中渗重叠

师:"排队问题"是我们一年级学习的知识，现在我们长大了，可以从另一个角度来看"重复"，利用排队经验研究新问题。

出示题目:三（1）班参加语文小组的有5人，参加数学小组的有7人，参加两个小组的一共多少人？

师:我们按学号来填。

| 语文组（5人） | 1 | 2 | 3 | 4 | 5 |  |  |  |
|---|---|---|---|---|---|---|---|---|
| 数学组（7人） | 6 | 7 | 8 | 9 | 10 | 11 | 12 |  |

列式：5 + 7 = 12 人。

师：这里会不会出现新情况？

生：有人在语文组和数学组都报名了，比如 4 号和 5 号。

| 语文组（5人） | 1 | 2 | 3 | 4 | 5 |  |  |  |
|---|---|---|---|---|---|---|---|---|
| 数学组（9人） | 6 | 7 | 8 | 9 | 10 | 11 | 12 | 4 | 5 |

师：现在参加两个小组的一共有多少人呢？

**【感悟精彩】**

这个颇具挑战性的问题，激起了学生探究的兴趣。吴老师把静态的知识加工成活动的过程，使学生在认知冲突中寻求方案，逐步经历情境构建过程。

接下来的教学活动更加有趣。吴老师找两位学生到黑板前"对号入座"，即一男生、一女生分别把数字卡片放到语文组和数学组的下面。由于 4 号和 5 号同学既报名参加了数学组，又报名参加了语文组，男生、女生为此抢了起来。男生把 4 号和 5 号贴到了数学组，女生又把 4 号和 5 号抢了回来，贴到了语文组。全班同学共同目睹了"抢卡片"的全过程。此时，吴老师出面了，"别抢了，有没有什么好办法，让大家一眼就能看出语文组、数学组各有多少人呢？"

全班同学安静下来。

师：（指着前面排队问题的圈圈）我们可以借助前面的经验啊！

一位学生上前把语文组、数学组用集合圈圈起来。

师：这次给他的掌声热烈一些。

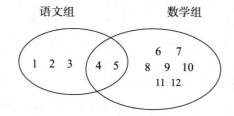

师：独立思考，看图，你能写出怎样的算式？

教师巡视，找学生进行板演。学生板书如下：

5 + 9 − 2 = 12

3 + 2 + 7 = 12

5 − 2 + 9 = 12

9 − 2 + 5 = 12

**【感悟精彩】**

吴老师让男、女两名同学分别代表数学组、语文组"抢"数字卡片。在"抢"的过程中，无形地对学生渗透了"重叠思想"，让学生亲身经历了重叠产生的过程。接下来吴老师又说："这样抢下去可不行，怎么办？"学生有的出主意放在中间，于是，又自然地引出下一个问题："怎样能让大家一眼看出来，谁有招？"画集合图在一次次冲突中、一次次讨论与尝试中水到渠成。

## 三、"辩"中悟算理

师：看第一位学生的算式，5 + 9 − 2 = 12，请同学们对这个算式提出问题。

"5 个人在哪里？""7 个人在哪里？"学生不断提问，该生一一作答。

吴老师建议同学们结合着图来解释算式。

生：你为什么减 2？

师：问得多深刻！谁来解释？

生：4号和5号重复了。4号和5号都报了语文组和数学组，所以应减2。

师：语文组5个人中有这个"2"吗？

生：有。

师：数学组9个人中有这个"2"吗？

生：有。

师：出现几次？

生：两次。重复了，就要减2。

学生继续讨论下面一组算式：

5－2＋9＝12

9－2＋5＝12

吴老师引导学生互相提问、质疑，在讨论中同学们理解了两组算式的意义。同学们开玩笑，亲切地称这一组算式为"兄弟式"。

最后大家把目光集中在3＋2＋7＝12这个算式上。

对此算式，学生中出现了两种不同意见。正、反方开始了辩论。

反方：我不同意这个算式。前面三个式子都把重复的"2"减去了，这个式子反而加上"2"。为什么？

正方：你不能只看"－2"还是"＋2"，要看有没有道理。

反方：应该减掉重复的，你为什么加上了呢？

正方：我把重复的2拿出来，参加语文组的剩下3人，参加数学组的剩下7人，把这三部分加起来不正好是参加两组的人吗？

反方：（若有所思）有道理。

……

吴老师趁机追问："2"是什么？

生：语文组和数学组都参加的。

师："3"呢？哪儿不一样？

生："3"是只参加语文组的。

(师板书：只。)

师："5"呢？

生：只参加数学组的。

师："4"和"5"呢？

生：既参加语文组的又参加数学组的。

师：这个"2"还用不用减了？

生：不用减了，因为他们把本来重复的事拉平了。

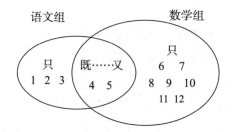

师：是啊，这位同学把这一群人分成了三类，一类只参加了语文组，一类只参加了数学组，一类既参加语文组又参加数学组。把重复的事情解决了，正像刚才那位同学所说，把这本来重复的"2"，拉平了。（吴老师有意借用了学生语言，并做了一个双手拉平的动作）我建议把掌声送给会分类的同学。

师：（指着板书）4个式子怎么一看就明白了，是谁帮我们把这个问题搞明白的？

生：圈圈图。（学生体会着集合图的价值与意义）

【感悟精彩】

吴老师引导学生们借助图来分析这几道算式，辩论哪种方法有道理，是什么道理，最后梳理出几道正确的算式。使学生明白错是错在哪里，对是对在哪里。在一次次图与算式、算式与算式的联系中，在一次次解释说明的对接中，重叠问题的本质逐渐明晰。同时，教学中还渗透了分类思想、集合思想。

## 四、"画"中明思想

面对"5人参加语文组,7人参加数学组,其中有2位同学重复报名"的情况,吴老师追问:"还有可能是几人重复?"

生:3人、4人、5人、6人、7人……

生:嗯?

师:为什么"嗯"?

生:不可能有6人重复,最多5人重复。

该生首先醒悟。为了让喊"6人""7人"的同学明白,吴老师特意把两位同学请上讲台,用特制的学具演示,让他们在亲自参与的数学活动中"觉醒"。

两位同学上前把一个点遮住,表示有1人重复。

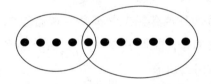

师:想象2人重复会怎么样?(学生演示)

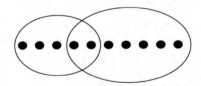

师:3人重复会怎样?(学生演示)

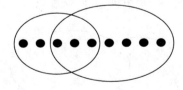

师:4人重复会怎样?(学生演示)

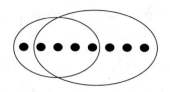

师：5人重复会怎样？先闭眼想象一下。

生：合在一起。（学生演示）

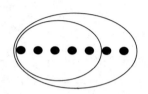

师：再请你们两位演示一下6人、7人重复的情况。

生：不可能，最多只能5人重复。

众生笑，两位同学在笑声中明白了其中的道理。

吴老师紧追不舍，又提出了一个更高的要求："请同学们把刚才的经历用2个圈圈画出来。"

学生的图画出现了三种情况：

（1）不重复，你是你，我是我。

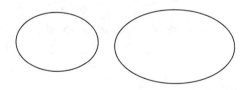

（2）部分重复，你中有我，我中有你。

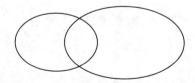

(3) 全部重复，包围了。

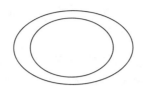

**【感悟精彩】**

重叠问题所渗透的思想既有集合思想，又有分类思想，分类是集合的重要基础。吴老师多次鼓励学生画一画、圈一圈，几次追问，几次质疑，紧紧抓住了这节课的魂——分类，让学生的思维可视化。尤其是在最后，她用通俗易懂的儿童语言，让学生结合图画圈，既形象又深刻。学生在数学活动中感悟着"集合思想"与"分类思想"。

## 五、"说"中迁移

吴老师指着黑板上的集合图，给同学们提出了更具有挑战性的问题："你能根据这个圈圈图讲出一个数学组、语文组之外的故事吗？"学生思维的闸门一下子被打开了，各自饶有兴趣地讲述着自己身边的故事。

生：有的人喜欢唱歌，有的人喜欢跳舞，有的人又喜欢唱歌又喜欢跳舞。

生：有的同学订了《少年智力开发报》，有的同学订了《儿童画报》，有的同学既订了《少年智力开发报》，又订了《儿童画报》。

生：有的动物只会飞，有的只会游，有的动物既会飞又会游。

……

**【感悟精彩】**

在归纳提升阶段，吴老师将重叠问题的关键点牢牢抓住。在集合图的模型中，她让学生展开想象，讲述身边的故事，将数学模型与生活现象联系起来，丰富了学生对"集合思想"的感悟，激起了学生内在的学习需求，为学生获得可持续的数学能力发展奠基。

　　走进吴老师的课堂，我们深深地为她与学生真诚的对话、智慧的交流而感动。她以特有的人格魅力感染着每一位学生，激励着每一位学生，唤醒着每一位学生。学生在教学活动中不断地发现、提炼、理解、迁移，不断地修正、反思和觉醒。

# 后　记

　　书稿几经磨砺终于完成了！凝神回眸，激动与喜悦、感动与收获，以及对所有参与者、支持者、帮助者的感激一起涌上心头。

　　这本书记录了吴正宪小学数学教师团队成员品读吴老师的课程教学，践行"传授知识、启迪智慧、完善人格"的儿童教育思想，突出了品读、回味与揣摩，反映了教师们在深刻的体验中获得的专业成长。

　　吴老师几十年如一日地创新实践，为我们呈现了众多的精彩课例，提供了"好吃又有营养"的精神大餐。鲜活的课堂成为我们小学数学教师专业发展不可或缺的资源，每个学习者都可以在观摩、品味的过程中完成模仿、借鉴、迁移和创造的层级建构。

　　这本书中对课例的解读是我们学习、思考后的成果，体现了理论与实践对接的过程，老师们不再感觉理论无用武之地，而是用理论指导实践的方向，解释实践的合理性。理论和实践之间有了可以跨越的桥梁，那就是教师的实践尝试与反思提升。在实践中尝试，在尝试中反思，在反思中提升，"实践—认识—再实践—再认识"这样一个循环往复的认识过程，就是教师专业化成长的过程。

衷心感谢张铁道博士的统筹谋划和思想引领，感谢华东师范大学出版社编辑任红瑚的整体架构和全程指导，感谢团队成员的投入与奉献。

由于经验及水平有限，书中难免有疏漏之处，敬请读者指正。

张秋爽　贾福录

2012 年 8 月

图书在版编目（CIP）数据

听吴正宪老师上课/吴正宪，张秋爽，贾福录编著.—2 版.
—上海：华东师范大学出版社，2023
ISBN 978-7-5760-4473-7

Ⅰ.①听... Ⅱ.①吴... ②张... ③贾... Ⅲ.①小学数学—教案（教育）
Ⅳ.①G623.502

中国国家版本馆 CIP 数据核字（2024）第 012689 号

大夏书系·吴正宪教育教学文丛

听吴正宪老师上课（第 2 版）

| 编　　著 | 吴正宪　张秋爽　贾福录 |
| 策划编辑 | 任红瑚 |
| 责任编辑 | 韩贝多 |
| 责任校对 | 杨　坤 |
| 封面设计 | 淡晓库 |

| 出版发行 | 华东师范大学出版社 |
| 社　　址 | 上海市中山北路3663号　邮编200062 |
| 网　　址 | www.ecnupress.com.cn |
| 电　　话 | 021-60821666　行政传真 021-62572105 |
| 客服电话 | 021-62865537 |
| 邮购电话 | 021-62869887 |
| 地　　址 | 上海市中山北路3663号华东师范大学校内先锋路口 |
| 网　　店 | http://hdsdcbs.tmall.com/ |

| 印 刷 者 | 北京季蜂印刷有限公司 |
| 开　　本 | 700×1000　16 开 |
| 印　　张 | 12.5 |
| 字　　数 | 165 千字 |
| 版　　次 | 2024 年 3 月第二版 |
| 印　　次 | 2024 年 3 月第一次 |
| 印　　数 | 6 100 |
| 书　　号 | ISBN 978-7-5760-4473-7 |
| 定　　价 | 58.00 元 |

出 版 人　　王　焰

（如发现本版图书有印订质量问题，请寄回本社市场部调换或电话 021-62865537 联系）